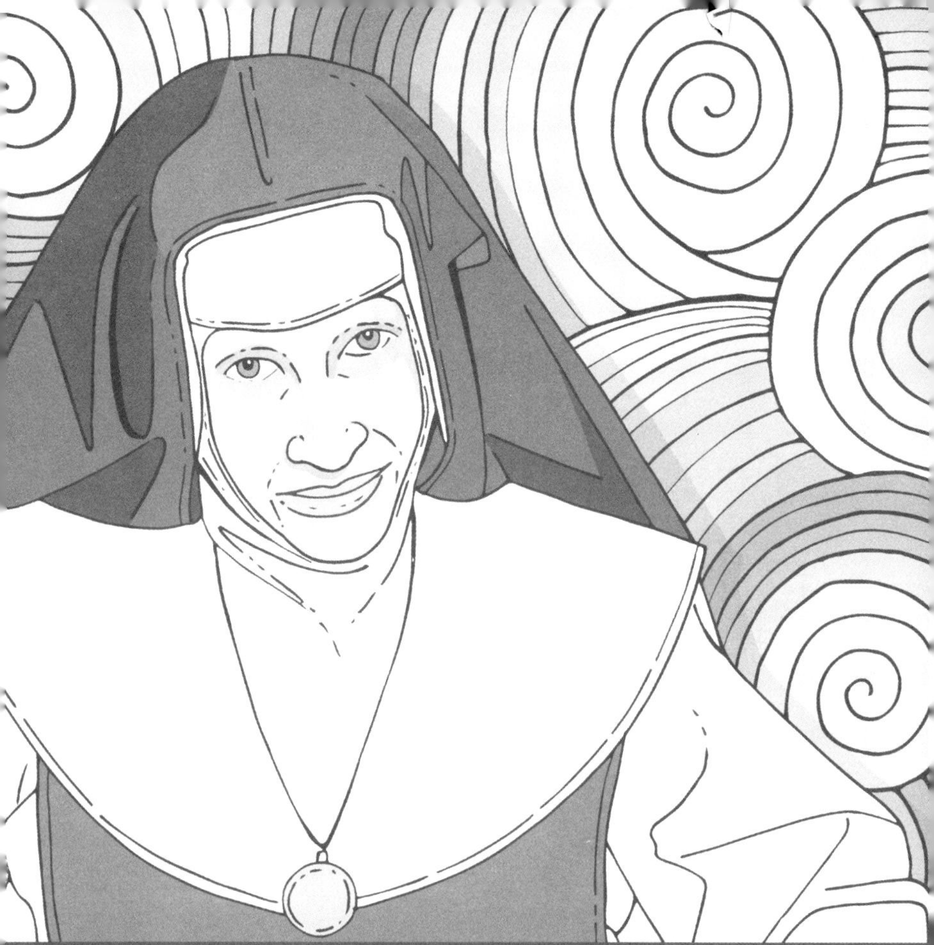

FREI PATRÍCIO SCIADINI, OCD

Santa Dulce

AMOR E SERVIÇO

Preparação: Mônica Glasser
Capa: Ronaldo Hideo Inoue
    Composição a partir da ilustração
    de *Santa Dulce*, © Ateliê15.
Diagramação: Maurelio Barbosa
Imagens do miolo: © KatyaKatya/Adobe Stock
    e © Creative Commons.
Revisão: Maria Suzete Casellato

Edições Loyola Jesuítas
Rua 1822 n° 341 – Ipiranga
04216-000 São Paulo, SP
T 55 11 3385 8500/8501, 2063 4275
editorial@loyola.com.br
vendas@loyola.com.br
www.loyola.com.br

Todos os direitos reservados. Nenhuma parte desta obra pode ser reproduzida ou transmitida por qualquer forma e/ou quaisquer meios (eletrônico ou mecânico, incluindo fotocópia e gravação) ou arquivada em qualquer sistema ou banco de dados sem permissão escrita da Editora.

ISBN 978-65-5504-405-8

© EDIÇÕES LOYOLA, São Paulo, Brasil, 2024

108654

Sumário

1. Santa Dulce brasileira 7
2. A família de Irmã Dulce 15
3. A morte da mãe Dulce 21
4. Correndo atrás da bola 25
5. Tempos de revoluções 31
6. As Irmãs Missionárias da Imaculada Conceição da Mãe de Deus 37
7. Eu sou Maria Rita Pontes 41
8. O trem vai partir… 43
9. Dia 15 de agosto de 1934 53
10. Revolução… e contrarrevolução 59
11. Uma "invasão" do amor 63
12. Precisavam de mais espaço… 69
13. Por que há guerras? 73
14. Em busca de dinheiro 81
15. O coração, pequena capela de Jesus 87
16. Muitos conselhos e pouco dinheiro 91
17. O meu patrão é exigente 95
18. "O dinheiro não tem cor nem cheiro" 101
19. Irmã Dulce, lutadora contra o comunismo 105

20 A universidade dos pobres 109
21 A noite escura de Irmã Dulce 113
22 Muitos pobres e pouco dinheiro 119
23 Irmã Dulce retorna à Congregação 123
24 Amor político 127
25 Amiga dos políticos, mas longe da política 131
26 Os santos não sentem inveja 135
27 Continue, Irmã, continue! 139
28 Semear a esperança 143
29 Os *fioretti* de Santa Dulce 147
30 A longa e definitiva noite escura 153
31 *Vox populi vox Dei* 157
32 "Vai e faz o mesmo" 163

Oração 165

1

Santa Dulce brasileira

Vox populi vox Dei

O povo tem um sexto sentido e sabe reconhecer logo, de longe, as pessoas boas, que perseveram no bem, que saem por aí cultivando sementes de esperança e de amor, que sentem o desejo de "tirar os pobres" da miséria e lutam por isso. O povo as define como santas. A santidade não é fazer coisas grandes, mas sim amar muito. Santa Teresinha do Menino Jesus dizia com acerto: "Deus não necessita das nossas obras, mas do nosso amor". E o amor, em si mesmo, não pode ficar inativo, deve agir e encontrar meios para que as desigualdades e as diferenças sociais sejam superadas.

Irmã Dulce, a amiga e serva dos pobres da Bahia e de todo o Brasil, com seu coração sabia abraçar toda a humanidade. É uma estrela, uma vocacionada à santidade antes que a Igreja a declare santa. Os santos não necessitam dos processos; na verdade, a honestidade, a incapacidade de tratar com indiferença já são critérios que nos inspiram confiança. O povo da Bahia lentamente foi compreendendo que essa freira, pequena, frágil e que gostava de uma boa partida de futebol, tinha no coração um entusiasmo sem limites. Com passo rápido, rezando e parando a cada momento para saudar um, acolher outro, passava pelas ruas deixando atrás de si o verdadeiro "perfume" de Jesus Cristo. No silêncio, rezava e pedia a Deus que não houvesse nenhum pobre, nenhum doente, nenhuma pessoa sem ajuda e sem amor.

Poderíamos aplicar a ela as palavras dos Atos dos Apóstolos, que dizem que Jesus "passou fazendo o bem". O bem não necessita de propaganda, pois, com o seu perfume, voa nas asas do amor e precede a cada um de nós; desce do céu e retorna ao céu com a simplicidade com que se realiza na terra.

Oh! Todos que estais com sede, vinde buscar água! Quem não tem dinheiro venha também! Comprar para comer, vinde, comprar sem dinheiro vinho e mel, sem pagar! Para que gastar dinheiro com coisas que não alimentam? Por que trabalhar tanto pelo que não mata a fome? Escutai, ouvi bem o que eu digo e comereis o que há de melhor, o vosso paladar se deliciará com o que há de mais saboroso. Atenção! Vinde procurar-me, ouvi-me e tereis vida nova, farei convosco uma aliança definitiva, um compromisso firme com Davi. Fiz dele uma autoridade entre os povos, um guia que dá ordens às nações. E vais, agora, convocar uma gente que não conhecias, gente que nunca te conheceu virá correndo te procurar, por causa do SENHOR teu Deus, do Santo de Israel que te glorificou. Procurai o SENHOR enquanto é possível encontrá-lo, chamai por ele, agora que está perto. Que o malvado abandone o mau caminho, que o perverso mude seus planos, cada um se volte para o Senhor, que vai ter compaixão, retorne para o nosso Deus, imenso no perdoar. Pois os meus pensamentos não são os vossos pensamentos, e vossos caminhos não são os meus – oráculo do SENHOR. Pois tanto quanto o céu acima da terra, assim estão os meus caminhos acima dos vossos e meus pensamentos distantes dos vossos. E como a chuva e a neve que caem do céu para lá não voltam sem antes molhar a terra e fazê-la germinar e brotar, a fim de produzir semente para quem planta e alimento para quem come, assim também acontece com a minha palavra: ela sai da minha boca e para mim não volta sem produzir seu resultado, sem fazer aquilo que planejei, sem cumprir com sucesso a sua missão (Is 55,1-10).

Para ser santo, Deus não escolhe pessoas "gigantes", cheias de força física, nem se trata de uma corrida de campeões de futebol nem de ginástica, mas sim de amor, de capacidade de incluir a todos na vida, sem exceção, porque Deus não faz acepção de pessoas.

Irmã Dulce foi uma palavra de Deus feita carne, que não conhecia a teologia dos livros, mas a teologia do amor, e esta a impulsionava a ter sempre os olhos abertos para ver as necessidades do povo. Sabia perceber que há pobres cheios de amor, mas que necessitam de ajuda material, e ricos cheios de dinheiro, mas que precisam encontrar o amor; e também pessoas influentes na política, na sociedade e na Igreja que necessitam ver alguém verdadeiramente humilde, que saiba pedir para desbloquear as rígidas leis das instituições, para ajudar as obras assistenciais que nascem do amor e que têm uma resposta eficaz às exigências sociais do povo.

Irmã Dulce sabia caminhar com passos curtos e rápidos pelos corredores dos hospitais, parando com materna atenção diante dos doentes. Sabia saudar e dar uma palavra de conforto e de alívio para todos, e, ao mesmo tempo, sabia subir as escadas dos palácios do governo para pedir ajuda e para censurar, com um sorriso, o egoísmo dos políticos, que, fechados nos seus gabinetes, não enxergam o sofrimento nem ouvem o grito dos mais pobres e doentes. O contrário de Moisés, que escutou a palavra do Senhor, que disse: "Eu vi a opressão do meu povo... Vai eu te envio".

O Senhor lhe disse: "Eu vi a opressão de meu povo no Egito, ouvi o grito de aflição diante dos opressores e tomei conhecimento de seus sofrimentos. Desci para libertá-los das mãos dos egípcios e fazê-los sair desse país para uma terra boa e espaçosa, terra onde corre leite e mel: para a região dos cananeus e dos heteus, dos amorreus e dos fereseus, dos heveus e dos jebuseus. O grito de aflição dos israelitas chegou até mim. Eu vi a opressão que os egípcios fazem pesar sobre eles. E, agora, vai! Eu te envio ao faraó para que faças sair o meu povo, os israelitas, do Egito". Moisés disse a Deus: "Quem sou eu para ir ao faraó e fazer sair os israelitas do Egito?". Deus lhe disse: "Eu estarei contigo; e este será para ti o sinal de que eu te envio: quando tiveres tirado do Egito o povo, vós servireis a Deus sobre esta montanha". Moisés disse a Deus: "Mas, se eu for aos israelitas e lhes disser: 'O Deus de vossos pais enviou-me a vós', e eles me perguntarem: 'Qual é o seu nome?', que devo responder?". Deus disse a Moisés: "Eu sou aquele que sou". E acrescentou: "Assim responderás aos israelitas: 'Eu sou' envia-me a vós" (Ex 3,7-14).

O povo passa a palavra, comunica-a, e os pobres, mesmo de lugares distantes e de outros estados, iam procurar Irmã Dulce, e aí se verificava o milagre da comunicação do bem. Sem necessitar de comícios, de cartazes, o amor é, *de per si*, difusivo.

O bom cireneu

No caminho rumo à cruz para o Calvário, Jesus estava exausto, não conseguia mais seguir adiante. Naquele instante passava por ali certo Simão, pai de Alexandre e Rufo, que voltava do seu trabalho no campo, e o obrigaram a ajudar Jesus a levar a cruz até o Calvário. Um gesto simples, mas que se tornou símbolo da compaixão e da solidariedade com os que sofrem. Ele se tornou símbolo de todos que, mesmo que obrigados, transformam essa imposição em amor.

Preparamo-nos com sinceridade e humildade a percorrer novamente o caminho de Irmã Dulce, inscrita desde a juventude no Apostolado da Oração. Amante apaixonada dos pobres, com o coração de Francisco de Assis, penso que ela, na sua simplicidade, conheceu na prática o caminho da "inflação espiritual" de Santa Teresinha do Menino Jesus. Teve a graça de encontrar-se com Teresa de Calcutá, e as duas se entenderam muito bem, como só sabem fazer os santos no serviço aos "últimos"; e também se encontrou com São João Paulo II, na visita dele ao Brasil.

Irmã Dulce nunca saiu do estado da Bahia, a não ser quando fez o seu noviciado em Sergipe, na Congregação das Irmãs de Maria Imaculada. Esse Instituto Religioso é uma luz acesa na noite sociopolítica do Brasil e do mundo, onde os pobres são palcos onde sobem os políticos para ganhar votos, seduzindo-os e comprando-os, como diz o profeta Amós, "com um par de sandálias", com uma camiseta ou dez tijolos.

Quem ama e quer de qualquer jeito ajudar os pobres, não tem vergonha de estender a mão, de pedir esmolas, de gritar contra a pobreza. Nos anos 1950, quando a sua obra assistencial estava engatinhando, Irmã Dulce saía pelas ruas pedindo esmolas. Conta-se que ela, uma vez, ao pedir esmola, recebeu uma cusparada; porém, sem se irritar nem se maravilhar, disse, limpando-se: "Este é para mim, mas, agora, o que o senhor vai dar para os meus pobres?".

Esse conto tem o sabor dos *fioretti* de São Francisco de Assis[1], mas também revela uma força única para convencer e desmontar os corações mais endurecidos. O comentário mais belo e mais teológico sobre Irmã Dulce o emitiu o papa São João Paulo II, quando, em 1991, visitando-a no hospital, disse: "Este é o sofrimento do inocente, igual ao de Jesus".

O servo sofredor de YWHW é a imagem de todos os que, com amor, carregam o sofrimento dos últimos. É uma teologia que se faz carne, e, no silêncio desse apostolado

---

1. Os *fioretti* ("florezinhas", em italiano) de São Francisco de Assis são, conforme o sentido medieval, como uma espécie de "ramalhete de flores", mais precisamente uma coleção de pequenos relatos e histórias sobre a vida e os milagres desse santo e de seus primeiros seguidores. Sua origem remonta às tradições orais do núcleo primitivo daqueles que conviveram e conheceram diretamente Francisco. Essas tradições foram compiladas por escrito por volta do século XIV e resultaram em uma obra intitulada *Actus beati Francisci et sociorum eius*, isto é, "Os feitos do Bem-aventurado Francisco e de seus companheiros"; é desse escrito que se derivou o texto dos *fioretti*. (N. do E.)

silencioso, o mundo se humaniza. A Igreja costuma proclamar Doutores da Igreja os que, com seus escritos, comunicam a constante primavera da Igreja com as obras... sem doutrina escrita. Acredito e sonho com o dia em que a Igreja vai passar a proclamar Doutores da Igreja os santos das obras sem doutrina escrita: São Francisco, São Vicente de Paula, Santa Teresa de Calcutá, Santa Dulce. Eles e elas são os profetas-doutores de que o nosso tempo necessita e que não deixam envelhecer a Igreja e o coração.

2

A família de Irmã Dulce

Nós temos uma memória frágil por causa de muitíssimas notícias que chegam e cancelam o passado, mas não era assim antes. Alguns poucos acontecimentos ficavam gravados na memória para sempre. Como os primeiros portugueses, que chegaram à Terra de Santa Cruz, poderiam esquecer o que viveram ali? Ou como se poderia esquecer, na Bahia, do Padre Antônio Vieira? Ou também da guerra de Canudos de Antônio Conselheiro? Foram momentos difíceis para o povo e também para as instituições, que colocavam tudo em comum para superar a miséria e a pobreza do povo, manter o equilíbrio e dominar certas facções fundadas por evangélicos.

Na Bíblia, o nome de algo ou de alguém tem um sentido especial: encerra em si mesmo um projeto de vida, significa uma história, condensa todo um caminho; dar um nome era um momento sagrado. Como não lembrar quando o pai Zacarias e a mãe Isabel levaram seu filho, nascido na velhice, para ser circuncidado? Todos perguntaram que nome seria dado ao menino, e a mãe respondeu: "João seja o seu nome"; porém reclamaram: "Não há ninguém com este nome na tua família". Então perguntaram o mesmo ao pai, que era mudo, e ele escreveu: "João seja o seu nome". João quer dizer "dom de Deus". O nome Moisés significa "salvo das águas"... E, às vezes, Deus mesmo se "diverte" ao trocar o nome das pessoas para mudar o sentido da sua vida: "Não te chamarás mais Simão, mas Pedro, e sobre esta pedra edificarei a minha Igreja"; "Não te chamarás mais Jacó, mas Israel, porque tu serás Israel, povo de Deus"; e "Não te chamarás mais Abrão, mas Abraão, Pai de muitos povos".

Maria Rita de Souza Brito Lopes... Quem é ela?

Trata-se do nome de batismo de Irmã Dulce, a segunda filha do dentista Augusto Lopes Pontes e de dona Dulce de Souza Brito, casal de destaque em Salvador, cuja origem tem certa importância na história da Bahia. O avô paterno dela, Manoel Lopes Pontes, ganhou o título de "coronel" sem nunca ter sido militar, mas sim pelos seus serviços à nascente República brasileira.

Tratava-se de uma família católica que tinha amor e devoção particular a Santo Antônio de Pádua, o santo amado por todo o Brasil, especialmente por sua difusão pelos franciscanos; santo que, no imaginário do povo, é casamenteiro e também o "pão dos pobres". Ainda hoje, no dia 13 de junho, em todas as igrejas franciscanas e naquelas que têm como titular Santo Antônio, é feita a bênção do pão, para que seja distribuído aos pobres.

Manoel sabia bem adaptar-se à situação política do país. Antes ele era monárquico, mas, quando o Brasil mudou sua bandeira para a de uma República, ele também passou a levantar a bandeira republicana. Não participou diretamente na repressão da região de Canudos, mas ficou na cidade de Salvador para poder manter a ordem, enquanto todos os militares foram deslocados para acabar com o movimento de Antônio Conselheiro[1].

Euclides da Cunha, no seu livro *Os sertões* – que não é uma leitura fácil –, descreve esse período da história, contando sobre Belo Monte, uma comunidade carismática que reunia pobres, sem-terra e sem-futuro, vindos de todos os lados para encontrar acolhida e uma palavra de estímulo de Conselheiro em Canudos. Contudo, esse líder

---

1. Antônio Conselheiro era o apelido de Antônio Vicente Mendes Maciel. Nascido em 1830, ele foi o responsável pela fundação do arraial de Canudos, no sertão da Bahia. Em virtude de sua liderança religiosa e carismática, ele reuniu uma quantidade considerável de pessoas em torno de si; suas pregações em favor dos pobres e com um tom crítico alarmaram as autoridades do então recente regime republicano instaurado no Brasil em 1889. Visto como uma possível ameaça pelo regime republicano, uma grande força militar foi enviada para destruir o arraial, desencadeando a chamada "Guerra de Canudos" (1896-1897), que se configurou como um dos mais sangrentos episódios da história brasileira. (N. do E.)

político-religioso foi morto no confronto e decapitado, e sua cabeça levada a Salvador como troféu de guerra.

Manoel Lopes, por sua vez, depois disso não teve nenhum cargo importante e, após certo fracasso, abandonou a política; porém, por seus serviços, recebeu uma boa quantia em dinheiro: 44,8 contos de réis, uma fortuna à época, já que a maioria do povo não conseguia, em toda a vida, poupar 10 contos de réis.

Esse dinheiro foi bem empregado. Os três filhos do coronel Manoel Lopes tiveram a possibilidade de estudar, formar-se e conseguir um ótimo trabalho: um era médico, o outro dentista e o terceiro, advogado. Já as cinco filhas mulheres faziam os trabalhos domésticos e criavam os filhos, como era o costume.

O dentista doutor Augusto

O coronel Manoel queria que seus filhos tivessem boa educação, bom futuro e religiosidade. A família cultivava uma boa vida religiosa, participando nas celebrações e em obras de caridade, e mantendo amizade com padres e frades. Augusto, pai de Maria Rita e penúltimo filho de Manoel, nasceu em 1889 e cedo perdeu o pai, quando tinha dez anos de idade. Quando jovem, estudou para ser dentista na faculdade de medicina, trabalhou como revisor de jornais e, quando se formou, procurou como local para montar seu ambulatório a famosa rua Chile, a mais movimentada de Salvador e ponto de encontro de políticos, dos ricos da cidade, e vitrine para quem quisesse ter uma boa carreira; ali também havia butiques chiques, lojas de tecidos vindos da Europa e livrarias com livros importados escritos em francês, uma vez que, naquele tempo, era a segunda língua falada pelos baianos cultos. Ali perto também se concentravam os poucos clubes da cidade, frequentados somente pelos abastados, porque aos pobres restavam somente as ruas para diversão, como, por exemplo, brincar o carnaval.

Sendo assim, foi nesse consultório odontológico bem localizado que o doutor Augusto começou a formar sua freguesia entre os ricos da cidade, e era um dentista sério, profissional, competente, que exercia seu trabalho com muito amor. Já na intimidade, em reuniões e encontros sociais, apresentava-se sempre "engravatado", mesmo fazendo calor, bem arrumado e bem penteado.

Quando tinha trinta e dois anos, passou a pensar no futuro e em formar uma família, já que, com seu trabalho, tinha acumulado uma discreta fortuna.

Casamento de Augusto e dona Dulce

Nos livros que li para juntar elementos para meu estudo, nada se diz sobre como eles se encontraram. Sabemos apenas que a jovem Dulce era bonita, não de grande estatura e com porte delicado, além de humilde, silenciosa e bem religiosa. Era filha do médico Manoel Joaquim de Souza Brito.

Casaram-se no mês de maio de 1912, na igreja de Santo Antônio Além do Carmo, oferecendo uma festa para poucos convidados; porém, como no Brasil de todos os tempos, quando há um matrimônio, a igreja enche-se também de pobres, e como o pai da noiva era médico e o noivo, dentista, além de bastante conhecidos, então deve ter havido a participação de muita gente!

O casal escolheu morar no bairro do Barbalho, de classe média alta, próximo ao local de trabalho de Augusto, e ali viveram tranquilamente, com poucas exigências, que foram lentamente aumentando com a chegada dos filhos.

3

A morte da mãe Dulce

Maria Rita foi a segunda de cinco filhos do casal Augusto e Dulce, e cresceu em idade, em sabedoria e em entusiasmo pelo seu time de futebol preferido, o Ypiranga. Aos domingos, muitas vezes o pai a levava ao estádio, e, ali, ela se inflamava e gritava, incentivando seu time do coração.

Circulava à época, entre os intelectuais soteropolitanos, importada da França, a ideia de Francis Galton (1822-1911) sobre o "melhoramento da raça", responsável pelo surgimento do "movimento eugênico", segundo o qual o atraso do povo vinha da miscigenação entre as raças negra e branca, e por aí vai; e temos de levar em conta que, naquele tempo, mas creio que ainda hoje, Salvador era a cidade onde havia o maior número de pessoas negras do país, escravizadas para o trabalho nas grandes fazendas de cana-de-açúcar. Entretanto, apesar de fazer parte da elite, comprovou-se que o doutor Augusto nunca compactuou com esse absurdo, mesmo quando foi convidado a dar uma palestra em Porto Alegre sobre o assunto. Na verdade, deveríamos construir um monumento aos negros por tudo o que realizaram em favor do Brasil, e obrigar as autoridades a pedirem perdão por todo o mal que os fizeram sofrer injustamente.

O sincretismo religioso, que deu origem a tantos terreiros de candomblé e a outros ritos espíritas e afro-brasileiros, caracterizaria a religião do povo baiano. Uma riqueza que naquele tempo não foi vista como tal, mas sim como uma ofensa à verdadeira religião. A Igreja combatia o candomblé. Então, os católicos negros, com todo sacrifício, construíram a igreja do Santo Rosário dos Homens Pretos, no Pelourinho, pois, como não eram aceitos em outras paróquias por sua cor, tiveram a alegria de construir a própria igreja.

A religiosidade popular não deve ser demonizada, mas vivificada, purificada, para que todos possam encontrar o Senhor. Na festa do dia 2 de fevereiro, em que a Igreja celebra a apresentação de Jesus ao templo, o povo se reúne no rio Vermelho, em Salvador, para celebrar Iemanjá. O povo baiano tem um coração grande, acolhedor, e assume, incorpora em si mesmo, todas as tradições nascentes.

Nesse contexto, portanto, no 21 de junho, Dulce dá à luz seu sexto filho, uma menina bonita que se chamaria Regina. Depois do parto, como se concluísse um caminho, ela teve muitas hemorragias e faleceu aos vinte e seis anos. O bebê viveria ainda algum tempo, porém também faleceria no início de agosto.

Tal luto golpeou toda a família, especialmente as crianças, que ainda necessitavam da presença da mãe, visto que o pai delas, Augusto, passava a maior parte do tempo no consultório, trabalhando duro para trazer o pão para casa.

Contudo, Deus não abandona ninguém, quando confiamos no seu amor. Sem dúvida, o doutor Augusto, em vários momentos, deve ter se perguntado: "E agora, como vou fazer para educar estas crianças e, ao mesmo tempo, trabalhar?". Depois de pensar e rezar, ele pediu ajuda a suas duas irmãs solteiras, Georgina e Maria Magdalena, que participavam muito de perto da rotina de toda a família e eram moças "da igreja e do lar". A família viu, então, que era preciso mudar de casa, e todos se instalaram em uma boa residência, no bairro de Santo Antônio Além do Carmo. O padre Elpídio, que era vigário daquela paróquia, tinha casado Augusto e Dulce, e também daria a primeira comunhão a Maria Rita.

É possível imaginar que não tenha sido fácil para as crianças superar a morte da mãe, mas o pai delas, embora trabalhasse muito, fazia todo o possível para estar presente em casa e oferecer-lhes todo o seu afeto, levando-as seja à escola, seja a passeios. A igreja de Santo Antônio era o lugar de encontro das crianças, e as tias a frequentavam amiúde, tanto para ajudar o padre como também para participar do Apostolado da Oração.

Maria Rita, por sua vez, era muito sociável e tinha a capacidade de se entrosar com outras crianças em jogos e soltando pipas, que era uma brincadeira muito praticada por elas. Seu pai, como ainda era muito jovem, viu a necessidade de se casar novamente, e encontrou uma jovem, Alice da Silva Carneiro, que seria uma segunda mãe para Maria Rita e seus irmãos. E ela mesma teve duas filhas, Teresa e Ana Maria. Teresa, porém, morreu jovem, aos doze anos.

Mais tarde, Irmã Dulce recordaria com afeto da madrasta, Alice: "Ela foi como uma amiga, uma irmã, e nos tratava com muito carinho. Nós também nos afeiçoamos muito a ela".

Perto da casa da família do doutor Augusto, vivia o médico Francisco Peixoto de Magalhães Neto, pai de quem mais tarde seria o "mandachuva da Bahia e do Brasil", o famoso ACM (Antônio Carlos Magalhães). No futuro, ele se tornaria o maior amigo e benfeitor das obras assistenciais de Irmã Dulce, que, mesmo sem nunca ter sido política nem se interessado por partidos, e por ser uma freira que amava os pobres, não media esforços para ajudá-los.

4

Correndo atrás da bola

O amor ao futebol corre nas veias de quase todos os brasileiros, não importa a idade, o sexo ou a religião. Um jogo nos inflama e somos capazes de tudo para ver o nosso time vencer. Quando vence, é merecimento dos jogadores, mas, quando perde, é sempre culpa do árbitro, que "é ladrão, que favorece o outro time e que é cego e não vê as faltas dos jogadores adversários". Não importa se é campeonato mundial ou uma jogada da várzea, o que vale é gritar e incentivar o próprio time.

A própria Irmã Dulce, mais tarde, quando já não corria mais atrás da bola, mas sim dos pobres e dos doentes, para que pudessem receber conforto e dignidade, confessa: "Até os treze anos de idade, eu era louca por futebol. O maior castigo que eu podia receber, se eu aprontava muito durante a semana, era aos domingos não ir ao futebol com meu pai". Na arquibancada, ela não era uma tranquila e sossegada espectadora, mas se agitava, gritava, a ponto de ser chamada de "machão", pelo seu ardor. O time famoso naquele tempo era o Ypiranga, que tinha bons jogadores, e, para a jovem Maria Rita, o melhor era Popó, que mereceu o nome de "terrível".

O Ypiranga conquistou vários títulos e foi o primeiro time a admitir negros no seu clube. O racismo, embora se queira negar, estava escondido na vida dos baianos, dos brasileiros, e até hoje, como uma praga, não foi vencido completamente. Recordo de uma pessoa que me disse, certa vez, a respeito de um jovem que queria ser carmelita: "Ele é bom, pena que seja negro!". Superar os preconceitos é um trabalho que ultrapassa gerações e gerações, tanto a respeito da cor quanto de outras ideologias que existem por aí.

Maria Rita, enquanto isso, já manifestava no jogo uma determinação de querer vencer sempre na vida. Não admitia perder. Isso me faz lembrar uma expressão de Santa Teresa d'Ávila, a respeito da oração, que diz que, na vida espiritual, se queremos vencer, necessitamos de uma "determinada determinação".

O pai dela acompanhava com atenção esses seus traços e também os resultados educativos dos irmãos, e o domingo era reservado à família, quando ele sabia escutar os segredos dos seus filhos, assim como havia feito com a primeira mulher, Dulce, e fazia com a segunda, Alice. Um bom médico deve ter o dom da escuta dos seus pacientes.

A conversão de Maria Rita

Na vida de todos os santos, se refletirmos bem, podemos encontrar o momento de sua conversão, isto é, uma decisão de mudar de vida. Só por uma graça de Deus podemos pensar que aquelas situações em que não conseguimos ver nada de extraordinário são manifestações da misericórdia de Deus para que tenhamos uma atitude diferente. O que aconteceu na vida de Maria Rita, que amava mais o futebol do que os afazeres de casa e frequentar a igreja?

Como já mencionado, tia Georgina e tia Magdalena eram assíduas frequentadoras da igreja, ambas pertenciam ao Apostolado da Oração e tinham uma grande devoção ao Sagrado Coração de Jesus. Por isso, não gostavam muito de ver Maria Rita correr atrás da bola, como um "rapaz endiabrado", e não concordavam com essa tendência. De modo particular, Magdaleninha, assim como era chamada, quando ia à igreja, vestia-se de preto e colocava no pescoço uma fita vermelha. Era fiel às reuniões, à confissão. Maria Rita, entretanto, não era afeiçoada ao terço nem à igreja, preferindo o futebol. Não sabemos exatamente quando, mas provavelmente em 1927, um dia a tia abordou com Maria Rita o assunto religioso.

Demos a palavra a Irmã Dulce: "Um dia em que eu estava aprontando muito, minha tia me disse: 'Olha, você precisa conhecer o outro lado da vida', e me levou para visitar os doentes e os pobres".

Esse primeiro encontro mudou o olhar e o coração de Maria Rita. A visita ao bairro pobre do Tororó, reduto de pessoas que não conseguiam viver com o salário de fome que ganhavam, e também de doentes e miseráveis que estavam ali somente esperando a morte, chocou a menina...

Ela iniciou seu noviciado com os pobres: ia visitá-los, doava-lhe roupas, comida, remédios, e nas casas mais pobres ajudava a curar as feridas e a "carregar a cruz". Era como um pequeno cireneu para tantas pessoas que traziam no corpo os sinais da Paixão de Jesus. Quem encontra Jesus muda de vida, e Maria Rita começou a não se interessar mais pelo Ypiranga, nem pelo seu jogador favorito, Popó, nem por empinar pipas, tampouco por brincar de bola e de boneca com os colegas. Corria rapidamente ao encontro dos pobres ou da igreja para rezar. Ela mesma se tornou uma zeladora do Apostolado da Oração...

Durante as férias, ia à casa da tia Magdaleninha, no bairro da Penha, para participar, todos os dias, da santa missa e receber o seu amado Jesus. Com a tia, também visitava os doentes e quem não tinha nenhuma assistência. Esse contato com os pobres era para ela motivo de sacrifício e de missão evangelizadora.

"Quero ser freira"

Maria Rita foi mudando sua maneira de viver. Aos domingos não ia mais ao estádio para ver o seu Ypiranga jogar, pois preferia se encontrar com os seus novos amigos, os pobres, aqueles que viviam nas cabanas e nas ruelas dos bairros mais periféricos. O pai dela via tudo isso, mas não dava grande importância, e a cutucava perguntando por que não queria mais assistir aos jogos. Já tia Magdalena estava feliz por ver a sobrinha atenta aos sofrimentos dos outros.

No final de 1929, quando Maria Rita completou quinze anos, procurou o convento de Santa Clara do Desterro. Ela mesma nos conta isso:

> Eu tinha um desejo ardente de ser freira. Como nesse tempo eu era muito jovem, a superiora declarou-me que faria o possível para eu entrar para o convento com a idade que tinha. Motivos diversos impediram a minha entrada. Tudo era feito escondido do meu pai e dos outros, mas meu irmão Geraldinho o alertou, dizendo: "Maria Rita quer ser freira". Meu pai foi pego de surpresa e não soube o que fazer, então deixou o tempo passar.

Quando as ideias vêm de Deus, não passam, mas se fazem mais fortes e lentamente se tornam convicções profundas no coração das pessoas. Foi assim o desejo de ser freira no coração de Maria Rita. E, um dia, quando seu pai enfrentou o problema, prometeu à filha que a deixaria ser freira depois que ela tivesse conseguido formar-se como professora... com a esperança de que tudo aquilo passaria e se apagaria como um fogo de palha.

5

Tempos de revoluções

Conhecendo um pouco a história do mundo, sabemos que os anos da primeira parte do século XX foram marcados por ventos de revoluções, de ditaduras políticas, mas também de momentos interessantes de luzes, que iluminaram as trevas das guerras e da inquietação político-social.

A pobreza aumentava em muitas partes do mundo, e o Brasil não foi poupado desses terremotos políticos. O povo não aguentava mais o peso de uma vida pobre e sem esperança; então, movimentos surgiam espontaneamente, mas havia sempre quem soprasse as cinzas para que o fogo fosse maior. Uma inquietação natural que, com o tempo, traria benefícios.

O estado da Bahia também viveu esse momento difícil, e a Igreja não ficaria de fora. A hierarquia da Igreja, com seu pastor dom Augusto, arcebispo da Bahia, que era pernambucano, sabia adaptar-se às mudanças dos dirigentes do Estado, os quais tentavam apaziguar as revoltas do povo na região. Ali havia também um frade franciscano alemão, frei Hildebrando Kruthanp, que chegara ao Brasil aos vinte quatro anos de idade e que reunia ao seu redor pessoas de todas as camadas sociais. Ele, um sonhador, tinha ideias claras sobre o futuro da evangelização: a Igreja devia usar os meios de comunicação – cinema, rádio, imprensa – para chegar até as pessoas, reunir o povo, os trabalhadores, em um grupo para fazerem valer os próprios direitos. Fundou, portanto, o Círculo Operário da Bahia (COB) e passou a ser como um "mandachuva" daquele estado, ao qual todos recorriam, e sempre o encontravam disposto a ajudar.

Nessa época, Maria Rita sentia que Deus a chamava para sair do próprio mundo, feito de futebol ou de bonecas, a fim de abrir os olhos e ver o que estava acontecendo ao seu redor: uma multidão de pobres e miseráveis que viviam nas periferias de Salvador; realidade apresentada por tia Magdaleninha. A miséria era um peso esmagador sobre o povo, e os mais pobres morriam nas calçadas, sem ter uma morte digna.

Desse modo, durante sua busca de Deus e de querer ajudar os pobres, ela encontra outro jovem com os mesmos objetivos, Norberto Odebrecht, e ambos, iluminados e orientados por frei Hildebrando, com suas ideias novas para ajudar os mais necessitados, passariam a ser fermento na massa da Bahia.

Como na Bahia ainda não existiam emissoras de televisão, o grupo enxergou as salas de cinema como um lugar para reunir o povo e também de "conscientização político-religiosa". Criaram, assim, o cinema Roma, que atualmente abriga o Museu Irmã Dulce.

Para Maria Rita, porém, o cinema não era suficiente. Na escola de frei Hildebrando, aprendeu também a amar São Francisco e a conhecer melhor o santo de devoção da família, Santo Antônio de Pádua. O frei franciscano fora confessor do pai da jovem e orientador espiritual dela, antes de sua entrada para o convento de Sergipe, em 1933.

A caridade para com os pobres não era ausente na casa do doutor Augusto, que tinha fundado, com a ajuda de outros benfeitores e com a bênção de dom Augusto, primaz de Salvador, o "abrigo dos filhos do povo". Era uma obra assistencial que, vivendo da providência, recolhia os pobres para oferecer-lhes cursos profissionalizantes e alfabetização. E ele prestava ali seus serviços de dentista, gratuitamente, além de ajudar com ofertas provenientes do seu trabalho.

Esse ambiente familiar ajudou na decisão de Rita de se dedicar a servir os pobres, os últimos. Augusto era um religioso "o tanto que basta", mas suas duas irmãs e a filha Rita eram verdadeiramente católicas praticantes, e não mediam esforços para participar das celebrações litúrgicas.

No entanto, ele não queria para a filha Rita a vida religiosa, nem a via como freira, mas sim como uma moça bem casada com alguém da sociedade de Salvador. Pensava que o tempo iria afastar esse pensamento da cabeça dela; porém, quando há vocação, nem o tempo nem nada a afasta, mas a confirma, tornando-a mais firme. E foi o que aconteceu com Rita.

Os anos de 1930 foram tumultuados em todo o Brasil, com ares de revolução e contrarrevolução, por mudanças repentinas de governadores e presidentes da República. Foi inevitável, então, que tudo isso afetasse também, de certa maneira, a rotina do doutor Lopes e da sua família. Ele era também professor universitário, e seus jovens alunos foram os primeiros a descer em campo de batalha, incendiar ônibus e tentar, de todos os meios, criar confusão na cidade.

Formatura e decisão de ser freira

A formatura para qualquer jovem é um momento importante na vida, uma etapa em que se fecha um período da infância e se passa à juventude, cheia de projetos e de entusiasmo. Assim também foi aquele 9 de dezembro de 1932. Maria Rita estava feliz e seu pai Augusto queria oferecer-lhe um presente digno dela e da família, embora ela não tivesse grande atração pelos estudos, como o tinha pelo Ypiranga, e depois pelos pobres; porém, o pai acreditava que ela merecia esse gesto. Falou então com ela sobre sua intenção de dar-lhe um presente: "Maria Rita, pela tua formatura, quero lhe dar um anel precioso, para que fique como lembrança do meu afeto por você. Que acha?". Ela não manifestou muito entusiasmo e, depois de refletir, disse ao pai: "Não quero o anel, mas quero que o senhor me dê autorização para ser freira entre as Irmãs Missionárias da Imaculada Conceição".

O pai ficou triste, mas se conformou... e, embora com tristeza no coração, disse "sim" ao desejo de sua filha amada, Maria Rita. E a paz e a serenidade voltaram a reinar na família.

6

As Irmãs Missionárias da Imaculada Conceição da Mãe de Deus

As Irmãs Missionárias da Imaculada Conceição da Mãe de Deus não estavam estabelecidas em Salvador. Então por que Maria Rita escolheu ingressar nessa Congregação?

Ela não as conhecia pessoalmente, mas tinha uma confiança "cega" em frei Hildebrando, mentor das obras sociais de Salvador e que tinha uma forte ligação com as Irmãs Missionárias, por ser uma família religiosa relacionada com o ramo franciscano, como é possível notar neste resumo da história da Congregação:

> A Congregação das Irmãs Missionárias da Imaculada Conceição da Mãe de Deus foi fundada em 1910, em Santarém, Pará, Brasil. Os Fundadores, dom Amando Bahlmann e madre Imaculada de Jesus, foram, por ocasião da fundação, assistidos por quatro Irmãs Concepcionistas

do Mosteiro da Ajuda, do Rio de Janeiro. O principal objetivo da fundação foi o serviço ao povo da Amazônia, através da educação da juventude e de crianças órfãs.

A Congregação logo se expandiu por vários estados do Brasil. Em decorrência dessa expansão, a Congregação internacionalizou-se, se deparando, consequentemente, com diversos aspectos culturais em realidades as mais diversificadas, nas quais as Irmãs deveriam inculturar-se, conservando-se fiéis às suas identidades de Missionárias da Imaculada Conceição, de acordo com a Regra Franciscana, cuja fonte é o Evangelho. Atualmente, a Congregação está presente em quatro continentes: americano, europeu, asiático e africano, sendo enviadas para diversos países: Alemanha, Estados Unidos, China, Taiwan, Filipinas, Vietnã, Namíbia e Angola; portanto, nos tornamos uma Congregação Internacional.

Em decorrência dessa expansão, as SMIC buscam participar do espírito de seus Fundadores, vivendo o Carisma e a Espiritualidade Congregacional, e servem ao povo de Deus por meio de vários serviços à Igreja e à sociedade.

Somos uma Congregação Franciscana, chamada a integrar o espírito de São Francisco e de Santa Clara em nossa vidas, e temos Maria como modelo de Discípula e Missionária de Jesus Cristo, o enviado do Pai[1].

---

1. Cf. UNIDADE DA SANTA CRUZ, *História da Unidade da Santa Cruz*. Disponível em: https://smicmaededeus.org.br/quemsomos. Acesso em: jul. 2024.

Sendo assim, depois da decisão tomada e da autorização do pai, coube a Maria Rita somente preparar o enxoval, fixar o dia da partida e despedir-se dos amigos e dos familiares.

Ela sentia no coração uma alegria imensa, mas também uma sutil tristeza por separar-se de quem mais amava: o pai, os irmãos e as duas tias, que a tinham ajudado no primeiro encontro com os pobres e na definição do seu futuro: anunciar o Evangelho aos "aos últimos".

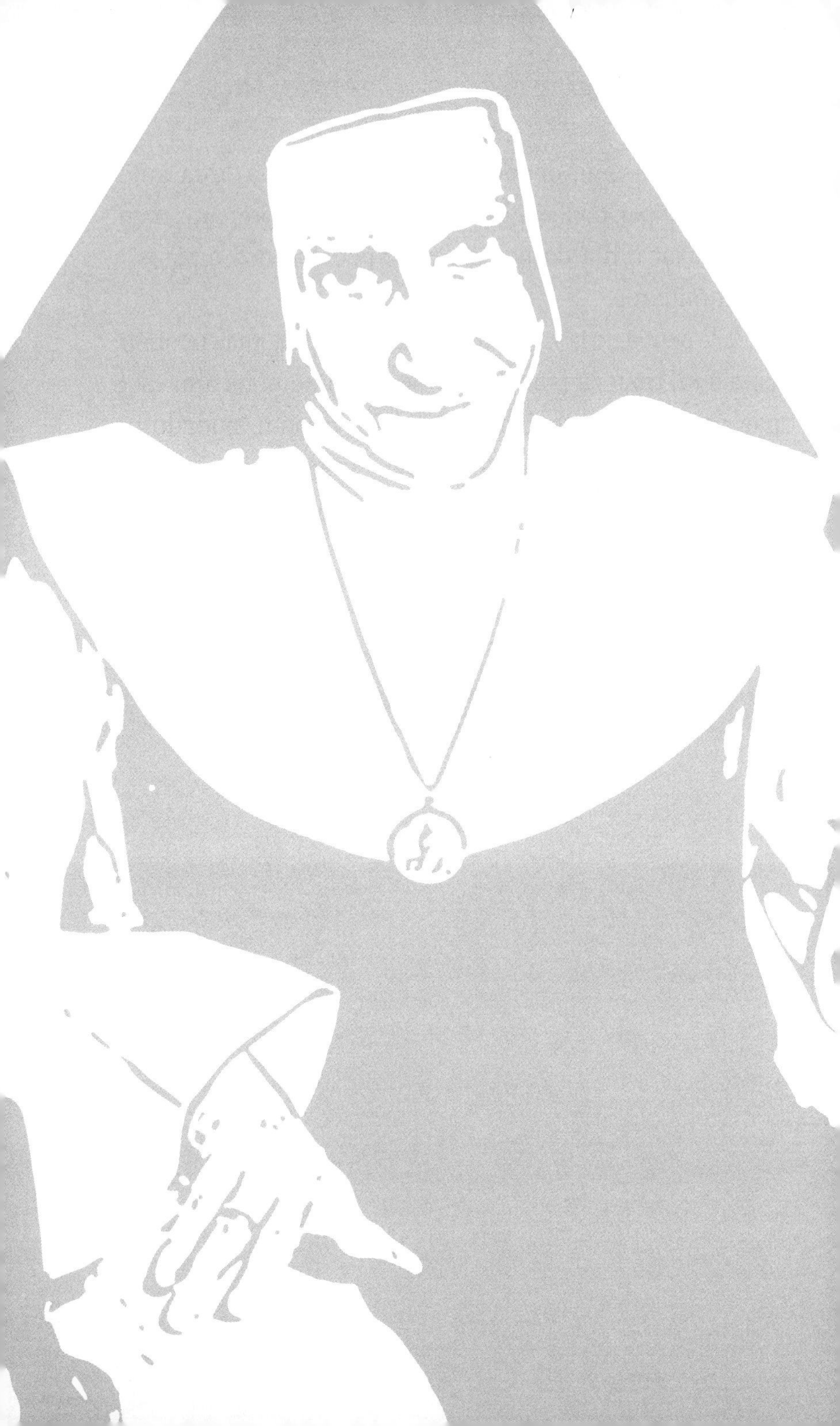

Eu sou Maria Rita Pontes

Irmã Dulce escreveu um relatório, o qual podemos considerar uma página autobiográfica que nos permite conhecê-la um pouco mais. Nada melhor do que dar a palavra a ela!

Relatório

Nascimento: nasci aos 26 dias do mês de maio de 1914, na cidade de Salvador, estado da Bahia. Fui batizada no dia de Santa Luzia, em 13 de dezembro de 1914. Foi celebrante do ato o padre Elpídio Ferreira Tapiranga, sendo que os padrinhos foram: Úrsula Martins Catharino e Joaquim Martins Catharino.

Infância: os primeiros dias da minha infância decorreram como os de todas as crianças, calmos e serenos, no aconchego do lar. Aos meus sete anos, uma nuvem toldou o horizonte, tão puro, que o era da minha vida, com o falecimento da minha mãezinha. Papai resolveu, então, que fôssemos, eu e os meus irmãozinhos, morar com a vovó e as titias. Com sete anos, entrei para o colégio e comecei os meus estudos rudimentares de aula primária. Com oito anos realizei o ato mais feliz da minha vida, a minha Primeira Comunhão, o que fiz em companhia de mais dois irmãozinhos.

Adolescência: aos quatorze anos matriculei-me na Escola Normal da capital do estado da Bahia, e aí estudei até concluir o curso e me diplomar em 1932.

Vocação: aos quinze anos, ainda aluna da Escola Normal, começou minha vocação. Eu tinha um desejo ardente de ser freira e, nessa época, queria ser franciscana, porém não queria ainda ser missionária. Como nesse tempo era muito jovem, a Superiora declarou que iria fazer o possível a fim de poder que eu entrasse para o convento com a idade que tinha. Motivos diversos impediram a minha entrada. Mais tarde, com dezesseis anos, entrei para a Ordem Terceira da Penitência, a conselho do meu confessor. Fiz a Profissão pouco antes de entrar para o Convento, aos quinze dias do mês de janeiro de 1933, e o meu nome na Ordem era Irmã Lúcia[1].

---

1. Cartas de Santa Dulce, A face humana de todos nós, Salvador, OCID, 2023, 17.

8

O trem vai partir...

O dia da partida de Maria Rita de Salvador para São Cristóvão, no estado de Sergipe, foi preparado com todo carinho, mas circundado por um véu de tristeza, de saudade. A única feliz era a jovem. Depois de uma última olhada na mala, para ver se tinha colocado todo o necessário, e pegar a sacola com lanches, logo cedo, acompanhada pelo pai e pelos irmãos, ela se dirigiu à estação para pegar o trem. Os últimos momentos antes de subir no vagão foram de silêncio, e, após um último abraço, o adeus final foi pela janela do trem, enquanto este se movia lentamente, com a saudação de um lenço. Ali Maria Rita se encontrou sozinha com seus pensamentos, cheios de lembranças e de projetos para o futuro.

Com ela partiram poucas pessoas, mas, uma infinidade de vezes no caminho, o trem parou para recolher uma ou duas pessoas. Em certo momento, subiu um homem idoso, bem pobre, malvestido, que se sentou na mesma cabine que a dela. O cobrador entrou e pediu-lhes a passagem, e um diálogo duro aconteceu ali:

– Tenho que ir a Timbó, disse o homem.

– E a passagem, onde está? – perguntou o cobrador.
– Não tenho – respondeu o idoso.
– Quero ver os documentos e a passagem.
O pobre homem, com voz tímida e sofrida, retrucou:
– Não tenho dinheiro.
A réplica do cobrador foi direta e áspera:
– Se não tem passagem nem dinheiro, deve descer!

Maria Rita assistiu a esse diálogo sentindo no coração um frêmito de raiva e de compaixão. Não podia ficar calada nem se omitir. Então ela interveio, dizendo:

– Quanto é a passagem? Este é meu irmão.

O cobrador ficou pasmo e ironizou:

– Este barbudo velho é seu irmão?

– Sim – respondeu Maria Rita. – Eu pago por ele!

Assim, ajudou seu velho irmão a se acomodar e a continuar sua viagem tranquila para Timbó. O coração de Maria Rita sentia uma grande paz e amor por aquele pobre, e uma raiva santa por ver como "últimos" eram tratados sem compaixão. Sentada no seu lugar, deixou que o pensamento voasse longe e entrou em profunda contemplação, pensando nas palavras de Jesus: "Eu tive fome, sede, era prisioneiro, estava nu, e vocês me ajudaram... Quando vocês fizeram isso ao menor dos meus irmãos, foi a mim mesmo que o fizeram". Ficou repassando essas palavras em sua mente até que o sono a fez cochilar.

A viagem era longa, doze horas, então tinha tempo para pensar, rezar e agradecer a Deus por todas as maravilhas que ele tinha feito em sua vida.

Quando chegou à estação de São Cristóvão, algumas Irmãs a estavam esperando, e ela estava feliz por ter finalmente alcançado o primeiro passo do seu ideal de vida religiosa.

A cidade de São Cristóvão tinha uma história gloriosa. No passado, antes que Aracaju tivesse maior desenvolvimento, havia sido até capital do estado. Quando Maria Rita chegou ali, porém, a região não gozava mais de tanta fama. Contudo, lá as Irmãs Missionárias da Imaculada Conceição tinham sua casa central, que era a sede do noviciado.

13 de agosto de 1933

Este dia marca a alegria de Maria Rita, e de outras companheiras, pela entrada oficial no noviciado. O noviciado é o período canônico de um ano estabelecido pela Igreja, que depois pode ser prolongado, para melhor formação, até a primeira profissão.

Recordo com alegria minha entrada no noviciado. Houve uma pequena cerimônia onde os noviços receberam um novo nome; isso porque, até os anos 1970, muitas Congregações tinham esse hábito de mudar o nome dos noviços para representar a morte do velho homem e o nascimento do novo homem. No meu noviciado, o Provincial declarou, com voz solene: "De agora em diante, você não se chamará mais Alessandro Sciadini, mas frei Patrício de Jesus". Eu, por dentro, estava feliz, mas não compreendia o porquê disso. Minha mãe, dona Domênica, mais sábia do que eu, nunca me chamou de frei Patrício. Lembro que, quando ela, ajudada por meu irmão, telefonava no convento, dizia: "Quero falar com aquele que vocês chamam de frei Patrício!". Assim são as mães.

O mesmo aconteceu com Irmã Maria Rita naquele 13 de agosto, quando o sacerdote declarou-lhe: "Não se chamará mais Maria Rita, mas Irmã Dulce". No entanto, por que este nome?

A mãe de Maria Rita se chamava Dulce, e ela, em sua memória, em sinal de afeto, quis também chamar-se Dulce, e assim seria mais tarde conhecida por todo o Brasil. Uma mudança de nome que lhe transformou a vida e que lhe indicou um novo caminho.

A vida em um convento daquele tempo era rígida, com um horário que hoje nos é quase incompreensível, em uma jornada que começava às 4h30 da manhã e terminava ao toque da ave-maria vespertina, às 18 horas. E o dia todo era repleto de trabalhos caseiros, de oração, de formação, com poucos momentos livres de recreação, como um simples passeio pela horta, e sem os meios de comunicação que temos hoje, pois não existiam.

Havia total separação entre quem vivia ali e os parentes e amigos, e todas as cartas que lhes eram enviadas e que recebiam passavam pela censura dos superiores; e, ainda que se sentissem divisões claras entre as Irmãs professas e as jovens em formação, a leitura espiritual era feita em comum, e, mesmo no refeitório, liam-se alguns livros piedosos. Recordo que no refeitório carmelitano havia uma frase escrita ao lado da cruz: *"Ad mensam sicut ad crucem, ad crucem sicut ad mensam"* ["Irás ao refeitório como à cruz, e irás à cruz como a um banquete"], para indicar o sentido do sacrifício. Apesar de tudo isso, tal estilo de vida era, em geral, aceito tranquilamente, sem traumas, apesar dos sacrifícios, dos jejuns e da repreensão por quaisquer mínimos atos de transgressão.

Hoje em dia somos levados a criticar esses tempos e a considerá-los repressivos, mas era um estilo diferente do atual, assim como acontecia nas famílias e na sociedade. Cada tempo deve ser considerado à luz do seu contexto. Ali, o desapego era o grande ponto educativo: desapego das coisas, dos afetos e de si mesmo. Hoje em dia já não é mais assim, mas os valores da vida consagrada permanecem os mesmos.

Algumas testemunhas contam que Irmã Dulce não era uma jovem prendada e cometia muitas faltas e, por isso, era repreendida e humilhada diante dos outros; porém, por amor a Jesus, aceitava tudo com tranquilidade de coração. Segundo a própria Irmã Dulce, o noviciado foi um mergulho no silêncio, uma iniciação de oração e de vida fraterna, um desapego de tudo, um ser pobre e amar os pobres.

Diz-se que o primeiro livro espiritual com que ela teve contato foi a *Imitação de Cristo*, escrito pelo monge

Tomás de Kempis, que é fácil de ser compreendido e que convida a uma ascese necessária para o encontro do Senhor. Ele era lido durante o café da manhã, e depois as noviças deveriam fazer a síntese daquilo que tinham escutado. Isso exigia olhos no prato e ouvidos abertos à leitura...

Maria Rita, agora Irmã Dulce, entre outras coisas, trouxera com ela uma boneca, chamada Célica, que tinha ganhado dos avós. No entanto, sua mestra, para que se desapegasse, tirou-a dela. Irmã Dulce sentiu muito esse acontecimento, porém o ofereceu a Jesus como sinal do seu amor.

Eu amo chamar o noviciado de "creche", onde reaprendemos a viver outro estilo de vida, feito de mudanças e de atos de desprendimento constantes. Assim, é um renascer à vida nova. Irmã Dulce não vinha de família pobre, e na sua casa tinha conforto, bem-estar e muitas comodidades; no entanto, ainda que no convento não tivesse nada disso, para ela não era pesado. Quando se ama e se tem um ideal, nada é pesado, tudo é leve. Como diz Jesus:

> Eu te louvo, Pai, Senhor do céu e da terra, porque escondeste estas coisas aos sábios e entendidos e as revelaste aos pequeninos. Sim, Pai, assim foi do teu agrado. Tudo me foi entregue por meu Pai, e ninguém conhece o Filho, senão o Pai, e ninguém conhece o Pai, senão o Filho e aquele a quem o Filho o quiser revelar. Vinde a mim, todos vós que estais cansados e carregados de

fardos, e eu vos darei descanso. Tomai sobre vós o meu jugo e sede discípulos meus, porque sou manso e humilde de coração, e encontrareis descanso para vós. Pois o meu jugo é suave e o meu fardo é leve (cf. Mt 11,25-30).

A noviça Irmã Dulce falava pouco, mas demonstrava felicidade interior, escuta e vontade de servir impressionantes. Era sempre disponível, embora não tivesse muito jeito para as coisas materiais. Não era afinada, mas participava até do coro das Irmãs, e sabemos que mais tarde ela aprenderia a tocar sanfona para alegrar os seus pobres.

Em 30 de setembro de 1897, às 19h30, morreu no Carmelo de Lisieux uma jovem carmelita descalça, Santa Teresa do Menino Jesus e da Santa Face, dizendo: "Meu Deus, eu vos amo!". Durante sua vida não tinha feito nada de extraordinário, a não ser amar a Deus, fazendo a vontade dele nas pequenas coisas da vida ordinária de uma comunidade de monjas de clausura. Um ano depois de sua morte, foi publicado um pequeno livro chamado *História de uma alma*, onde ela narra a sua aventura espiritual e o seu amor por Jesus, seu "único amor".

O Brasil tem forte ligação com essa santa, e, em 1910, quando foi publicada a *História de uma alma*, a obra rapidamente foi adotada em todos os conventos, especialmente nas casas de formação. E não foi diferente no noviciado de Irmã Dulce, que, por sua vez, ficou encantada com sua leitura e, como boa discípula, também frágil de saúde, centrou todo o seu amor em Deus e procurou distribuir esse amor para "os últimos". Desse modo, assim como Teresa do Menino Jesus, que disse: "Escolherei o último lugar, que nunca me será tirado", e que, apesar de ter ficado sempre escondida, se tornou uma das santas mais amadas do mundo por seu amor, Irmã Dulce também escolheu o apostolado entre os últimos, que são os mais amados de Deus: os pobres, os doentes, as pessoas menos favorecidas.

Como Santa Teresa, que ensinou que seu caminho de santidade, feito de abandono, de amor e confiança, é um caminho *novo, reto e breve*..., todos somos chamados à santidade, ao encontro com Deus, e não podemos encontrá-lo sem amar o nosso próximo. Portanto, Irmã Dulce, escutando a leitura de *História de uma alma* no seu noviciado, compreendeu que também ela era frágil de saúde, sem grandes virtudes, e que era necessário encontrar seu caninho para ser santa, "um caminho novo, reto e breve". Ela por fim descobriu que esse caminho, que todos podemos percorrer, é o do amor ao próximo. Nesse sentido, escolheu como texto-guia de sua espiritualidade o capítulo 25 de Mateus:

> Quando o Filho do Homem vier em sua glória, acompanhado de todos os anjos, ele se assentará em seu trono glorioso. Todas as nações da terra serão reunidas diante dele, e ele separará uns dos outros, assim como o pastor separa as ovelhas dos cabritos. E colocará as ovelhas à sua direita e os cabritos, à sua esquerda. Então o Rei dirá aos que

estiverem à sua direita: "Vinde, benditos de meu Pai! Recebei em herança o Reino que meu Pai vos preparou desde a criação do mundo! Pois eu estava com fome, e me destes de comer; estava com sede, e me destes de beber; eu era forasteiro, e me recebestes em casa; estava nu e me vestistes; doente, e cuidastes de mim; na prisão, e fostes visitar-me". Então os justos lhe perguntarão: "Senhor, quando foi que te vimos com fome e te demos de comer? Com sede, e te demos de beber? Quando foi que te vimos como forasteiro, e te recebemos em casa, sem roupa, e te vestimos? Quando foi que te vimos doente ou preso, e fomos te visitar?" Então o Rei lhes responderá: "Em verdade, vos digo: todas as vezes que fizestes isso a um destes mais pequenos, que são meus irmãos, foi a mim que o fizestes!". Depois, o Rei dirá aos que estiverem à sua esquerda: "Afastai-vos de mim, malditos! Ide para o fogo eterno, preparado para o diabo e para os seus anjos. Pois eu estava com fome, e não me destes de comer; com sede, e não me destes de beber; eu era forasteiro, e não me recebestes em casa; nu, e não me vestistes; doente e na prisão, e não fostes visitar-me". E estes responderão: "Senhor, quando foi que te vimos com fome ou com sede, forasteiro ou nu, doente ou preso, e não te servimos?" Então, o Rei lhes responderá: "Em verdade, vos digo, todas as vezes que não fizestes isso a um desses mais pequenos, foi a mim que o deixastes de fazer!" E estes irão para o castigo eterno, enquanto os justos irão para a vida eterna (Mt 25,31-46).

Santa Teresinha é missionária pela oração e pelo sacrifício, e Irmã Dulce é missionária pela ação, vendo em todos os pobres a pessoa de Jesus necessitado, e contemplando Cristo Jesus em cada doente e pobre.

Percorreram caminhos diferentes, mas a meta era a mesma: Jesus, presente na história.

Elas tinham dois livros em comum, o Evangelho e a *Imitação de Cristo*, que foram os mais amados por ambas, em razão da simplicidade e por serem breves, sintéticos e claros ao anunciar as verdades da fé. A *Imitação de Cristo* e a *História de uma alma* são clássicos da espiritualidade de todos os tempos.

E, nos poucos escritos de Irmã Dulce, encontramos uma grande afinidade com o pensamento de Santa Teresinha: "Quando estou varrendo, eu penso que cada grãozinho de poeira seja um ato de amor a Jesus. Quando corto as hóstias, faço de conta que cada hostiazinha seja uma alma para ele". Lendo essas palavras, é impossível não pensar na pequena Teresa de Lisieux, no que ela diz sobre seu serviço de segunda sacristã, ou quando reflete sobre o valor das pequenas coisas: "Deus não necessita de grandes obras, mas do nosso amor". E o amor, quando é verdadeiro, sempre gera grandes obras, sejam espirituais, sejam materiais.

Irmã Dulce não buscava, no início, grandes obras, aliás, nunca as buscou; sempre começou com pequenas obras, que depois foram crescendo, não por mérito dela, mas do Espírito Santo.

9

Dia 15 de agosto de 1934

O primeiro ano de noviciado não foi fácil para a jovem Irmã Dulce. Vivia um pouco com a cabeça nas nuvens, mas dedicava-se ao máximo a aprender tudo sobre a vida religiosa e os fundadores da sua Congregação, bem como tinha uma vontade real de lhe ser fiel.

Como o noviciado é um ano de experiências, naquele tempo, muitas vezes, as mestras faziam todo o possível para colocar à prova a vocação das candidatas, com severas repreensões, provas de obediência e, especialmente, de desapego das coisas e das pessoas. Somente no domingo era permitido um passeio entre as hortas e os jardins do convento do Carmo, e principalmente se dava importância à pontualidade dos atos comunitários na capela, no refeitório, com horários um pouco espartanos, rígidos.

Irmã Dulce, então, embora tivesse uma situação física frágil, procurava sempre ser fiel às regras e aprendeu um pouco de tudo para poder "servir da maneira melhor à comunidade". Por isso, à medida que se aproximava o fim do noviciado e o dia da profissão, ela sentiu necessidade de se preparar mais ainda. Podemos verificar isso por uma carta que escreveu à madre-geral e fundadora da Congregação:

> Reverenda madre-geral
> Mui querida mãezinha. Jesus seja louvado!
> É com o coração cheio de alegria que vos escrevo esta, a primeira que faço como professa! Ah! Minha mãezinha, como sinto-me feliz em ser a esposa de Jesus! Até que enfim sou toda dele!
> Com a Mãezinha do Céu eu poderia exclamar "*Magnificat, anima mea Domino*!". Sim, é ela que agradecerá por mim ao Esposo divino! E eu, no céu, espero ter a ventura de melhor fazê-lo, quero dizer, melhor agradecer a Jesus tantas graças, as quais passo agora a contar-vos. Primeiramente, um santo retiro, presidido pelo Revmo. frei Vicente, que eu já conhecia da Bahia. Até que enfim, terminado este, chegou o suspirado 15 de agosto. Como descrever a alegria, a felicidade de pronunciar os santos votos! Agora, sim, sou dele e ele é meu, pela obediência, pobreza e castidade! Só tenho um desejo, é ser bem fiel aos santos votos e a tudo que Jesus quiser. Porém, minha reverenda madre, quero dizer-vos a grande graça que Jesus me deu de eu fazer a Santa Profissão na presença do meu papai, que Jesus trouxe para assistir ao grande dia!
> E, mais do que isso, fiquei alegre por vê-lo receber o meu Divino esposo, na Santa Comunhão. Sim, logo

Dia 15 de agosto de 1934

depois que o Santíssimo ficou exposto, papai o recebeu em seu coração. Ele ficou aqui até a quinta-feira, e daqui seguiu para Aracaju, indo de lá a Recife e a Maceió, e depois voltará à Bahia. Gostou muito do Carmo, da gruta, e levou folhas e flores de algumas plantas daqui como lembrança. Ficou muito contente pela minha Santa Profissão, muito comovido. No outro dia, pediu que, se fosse possível, eu comungasse junto dele na Missa. Irmã Superiora mandou que eu ficasse por último, depois das postulantes, e ele comungasse junto de mim.

Como Jesus é bom! Concedeu-me não só a felicidade de me tornar sua esposa, mais ainda me deu o presente de eu ver o papai, tê-lo em seu coração! E eu espero, minha mãezinha, que papai fique mais religioso agora. Porém, ainda não tratei de um assunto que para mim tem importância, que é o das Bodas de Prata da vossa cura milagrosa em Lourdes! Ah como a Mãezinha do Céu é boa! Amanhã, na adoração, mais uma vez quero agradecer-lhe. No dia 15, fomos em procissão à gruta com velas acesas e cantamos hinos à querida Mãezinha do Céu. O papai ainda estava aqui. Eu, minha mãezinha, sinto-me feliz, muito feliz, por ser vossa filha e principalmente porque pertenço a nossa querida Congregação, pois é a da Imaculada Conceição. Terminando, agradeço os santinhos que me enviou e peço-vos que rezais para que eu seja uma fiel professa!

Também não me esquecerei de vós, boa mãezinha, e, com respeito filial, pede-vos a bênção a filhinha e serva em Jesus, Maria e José!

Irmã Dulce[1]

Para a profissão religiosa, pode-se convidar os parentes mais próximos. Atualmente é uma celebração participativa de todo o povo e serve também como promoção vocacional. Contudo, naquele tempo não era assim. Para Irmã Dulce, somente seu pai, Augusto, se fez presente, talvez pela distância entre Salvador e São Cristóvão, que significava uma longa viagem de trem. Ela, porém, ficou satisfeita, e ainda mais que o pai pôde participar das cerimônias e ficar alguns dias a mais, como lemos em sua carta.

Um dia, a madre superiora chamou o senhor Augusto e lhe comunicou que sua filha seria destinada ao convento de Salvador; coisa rara, porque, normalmente, as Irmãs nunca eram destinadas ao lugar de origem, mas a outro convento. O doutor Augusto ficou incrédulo e pensou que fosse brincadeira, mas era sério.

Do tempo do noviciado, conservamos uma só carta de Irmã Dulce, do dia 26 de novembro, para sua irmã Dulcinha, na qual, cheia de afeto e saudade, lhe dá alguns

---

1. CARTAS DE SANTA DULCE, A face humana de todos nós, Salvador, OCID, 2023, 27.29.

Dia 15 de agosto de 1934

conselhos para superar as decepções da vida, já que a irmã tinha deixado ou sido deixada pelo noivo, Alvinho. É um momento difícil, mas a noviça Irmã Dulce sabe como aliviar o sofrimento: falando da sua alegria de seguir Jesus e, quem sabe, ele poderia se servir dessa desilusão para chamá-la também à vida religiosa. Mas isso sabemos que acabou não acontecendo, embora, entre as duas, tenha permanecido uma grande amizade e cooperação na ajuda aos pobres.

26 de novembro de 1933.

Minha querida irmãzinha Dulcinha, que o Menino Jesus te proteja e faça que ames a ele só! Foi com muita alegria que recebi a carta de Nininha me dando notícias suas. Sempre me alegro em recebê-las, principalmente quando estas são boas. Aqui, como sempre, vou indo feliz cada vez mais. É tão bom amar a Deus e ser amada por ele! Compreendo como você deve estar agora sem pé nem cabeça, como se costuma dizer. Mas, Dulcinha, já tem dezessete anos e deve refletir sobre o que vai fazer. Para mim, você poderia aprender a bordar com Alice, estudar mais português e depois vir ficar aqui comigo, que tal? Espero que Deus lhe dê luzes suficientes para compreender a falsidade, vaidade e inconstância do amor humano. Você foi tão constante com Alvinho e, agora, acabou-se. Vê como não há sinceridade! Agora, quando se ama Jesus e se entrega a alma e o amor a ele só, deixa-se tudo por ele, que tem tanta ternura, amor, constância para conosco, e só nos deixa quando, depois de muito lutar para ter o nosso amor, não o consegue. Você se lembra bem o que se deu comigo: com quinze anos para dezesseis, quase vinha. Depois, nada mais. Jesus, porém, não se esqueceu de mim, guardou-me para ele e, agora, eis-me aqui feliz como nunca, vivendo uma vida santa, a vida que se deve viver! Santa Margarida Maria, por diversas vezes, quis ser freira, depois, esfriava, até que um dia se resolveu e chegou a ser santa. Convença-se, Dulcinha, de que a vida é curta, e, se estamos aqui, é para trabalhar para nos salvar. Por que não aproveitar o tempo e procurar por uma vida de amor a Deus, apagar as faltas que fizemos quando ainda não o amávamos? Tenha confiança, reze muito ao Espírito Santo para ele lhe iluminar e mostrar o caminho que deve seguir. Quem sabe se, em agosto do ano que vem, Dulcinha, virá assistir a minha profissão, se Deus quiser, e ficar comigo. Como ficarei contente! Só desejo o bem de sua alma. Adeus, minha irmãzinha. Feliz Natal é o que lhe desejo, e um abraço da sua irmã que a espera em agosto.

Irmã Dulce[2].

---

2. CARTAS DE SANTA DULCE, 31.

10

Revolução... e contrarrevolução

O Brasil nasceu tranquilo, mas praticamente nunca vive na paz e na tranquilidade. Golpes e contragolpes, cai um presidente e vem outro, mas, depois de pouco tempo, há um mal-estar social e econômico, e o governo cai novamente com facilidade.

O frei Hildebrando e Irmã Dulce se encontravam no mesmo ideal: ajudar os pobres e fazer todo possível para que todos, patrões e operários, vivessem em paz. Em 1891, o papa Leão XIII, para dar uma resposta ao manifesto de Marx e Engels, que sonhavam com um futuro nas mãos dos operários, publicou a encíclica *Rerum Novarum*, que estabelecia uma expressa oposição à concepção marxista de luta de classes. Em seu lugar, o líder máximo da Santa Sé colocava a religião como um instrumento capaz de arrefecer as desigualdades no mundo. Segundo ele, era preciso viver em paz, e não em constante confronto armado.

Contudo, depois de tantos anos, não parece possível que possa existir um mundo de igualdade econômica.

Ricos e pobres são uma realidade que têm raízes nas palavras de Jesus: "Os pobres, sempre os tereis convosco" (Mc 14,7). E até esta afirmação tem leituras não autênticas e irreais, por exemplo, uma leitura "social em favor dos ricos". Tomás de Aquino procura esclarecer, dizendo que é necessário ter os ricos para que possam fazer o bem aos pobres. Todavia, essa é uma teologia que não resiste à situação atual.

O papa Pio XI também publicou uma encíclica nesse sentido, chamada *Quadragésimo ano*, que quer dizer "quarenta anos depois", em que põe em evidência ser necessário "unir os operários", não para fazer uma revolução ao estilo de Marx, mas sim uni-los para serem evangelizados e terem uma vida melhor. Trata-se de uma tentativa de fazer uma aliança pacífica com "os patrões", em que benfeitores e beneficiados estão no mesmo caminho de amizade.

Nesse clima social, iluminado pela palavra da Igreja e fortalecido até mesmo pela política, cria-se uma aliança entre Estado e Igreja, que parece ser a fórmula certa para um matrimônio social, e o será, porém, por um curto período. Durante esse tempo, em todas as manifestações eclesiais, o Estado estava presente com a Igreja, e, em todas as manifestações políticas, a Igreja não faltava. Seriam necessários vários anos para se chegar a um divórcio benéfico entre ambos, no qual a Igreja assumiu sua missão profética e evangelizadora, e, onde o Estado chega, não é necessário que a Igreja se preocupe.

Os círculos operários idealizados por frei Hildebrando e apoiados por Irmã Dulce conheceram um período áureo. O COB teve uma expansão espantosa e chegou a ter 26 mil afiliados, tudo sob o controle desse frei, que escolhia e recusava candidatos que não estivessem de acordo com sua opinião e visão. Como já mencionado, eles construíram também um grande cinema, com capacidade para duas mil pessoas, e, mais tarde, uma escola dedicada a Santo Antônio – a fim de diminuir o analfabetismo –, que em pouco tempo teria mais de trezentos alunos.

Se a escolha de frei Hildebrando era ter nas mãos os operários de Salvador, a de Irmã Dulce era acolher no coração todos os pobres. O partido dela era junto dos pobres que gritavam por justiça social, exigiam o pão do amor, simbolizado por cultura, remédios, médicos e um trabalho que rendesse um pouco mais para manter suas famílias. Irmã Dulce se desdobrava em muitas, corria e estimulava, com a sua palavra, o coração dos ricos para que abrissem as mãos, e os cofres, e ajudassem os mais necessitados. E doutor Augusto Pontes não deixava de ir e vir também entre os pobres e os gabinetes dos ricos, pedindo auxílio para o trabalho da filha.

Irmã Dulce tinha consciência de que, o que fazia, era uma gota no oceano da pobreza, que a igualdade social nunca iria existir, mas havia tomado uma decisão: que os pobres não seriam esmagados pelo sofrimento, pela miséria, pela fome e, por isso, era necessário "enternecer o coração de quem tem riqueza de sobra, para dar sem retorno". "Gratuitamente recebestes, gratuitamente deveis dar!" (Mt 10,8).

Entretanto, os ventos do nazismo foram tão fortes também no Brasil que derrubariam o projeto gigante de frei Hildebrando, que foi perdendo espaço político.

Irmã Dulce, portanto, percebeu que era chegada a hora de iniciar sua missão solitária, mas forte, do Deus da vida e do amor.

11

Uma "invasão" do amor

Em 1939, já fazia anos que Irmã Dulce se movimentava com facilidade e com passos rápidos, cheios de amor, em direção aos mais frágeis, pelas ruas e ruelas dos bairros abandonados de Salvador. As pessoas tinham um grande respeito por aquela freirinha magrela que, se soprasse um vento um pouco mais forte, seria jogada no chão, mas que possuía um caráter firme, corajoso e um coração cheio de amor pelos pobres. E, quando alguém ama os pobres, há quem tire o chapéu e há quem atire pedras.

O Colégio Santo Antônio, projeto amado e criado por frei Hildebrando, ia bem, sendo tocado pelas freiras Irmã Hilária e Irmã Dulce; porém, na realidade, ficava aos cuidados somente de Irmã Hilária, porque Irmã Dulce estava sempre cuidando dos seus pobres.

Uma criança converte Irmã Dulce

Na vida de cada um existem pequenas e grandes conversões, fatos que podem parecer insignificantes a alguns, mas que para outros têm um valor fundamental para uma mudança radical de vida. Aconteceu com Francisco de Assis, que, encontrando um leproso no caminho, se converteu diante da dor e do desespero daquele homem que era obrigado a viver à margem da vida. Aconteceu com São Damião, que, visitando a ilha de Molokai e vendo tanta dor ali, decidiu ser missionário no meio dos presos. Aconteceu com Teresa d'Ávila, que, contemplando um crucifixo "mui chagado", decidiu se converter. Aconteceu com Teresa do Menino Jesus, que, ao alegrar-se por receber um presente de Natal, sentiu-se ferida pelas palavras do pai e se converteu... E acontece comigo e com você, se soubermos dar sentido ao cotidiano.

Em uma tarde sufocante, enquanto Irmã Dulce estava na sua farmácia do povo preparando remédios, chegou ali um menino com a respiração ofegante, malvestido, segurando uma esteira, com o rosto cheio de dor, que gritou para ela: "Irmã, não me deixe morrer na rua!".

Nesse encontro de Irmã Dulce com essa criança, que suplica que não quer morrer, uma criança sem nome, com o rosto de todas as crianças que morrem nas ruas do mundo, porque abandonadas, porque não têm família, não têm amor, ela sente como se uma espada de dois gumes penetrasse no seu coração; então imediatamente se pergunta: "Que posso fazer? Como resolver esse problema concreto?". Aconselha-se com Irmã Hilária e de uma coisa tem certeza: ainda que não pudesse ficar no ambulatório, que estava para fechar, nem ser levado ao convento, aquele menino não podia continuar como estava.

A criatividade do Espírito Santo

Creio que Irmã Dulce deve ter rezado muito ao Espírito Santo e a seu Santo Antônio para que lhe dessem uma luz para resolver dignamente a situação do menino. Seria o primeiro doente e "filho" de Irmã Dulce, que, com confiança, disse-lhe: "Espere aqui, volto logo!". Com passo rápido, a freira se dirigiu para a Ilha dos Ratos, em busca de um lugar para que o menino passasse a noite.

Lembrava-se de ter visto nas suas andanças por ali um grupo de casas fechadas, abandonadas. Mas como entrar ali? Ela tentou forçar a porta de uma delas, porém não conseguiu. O que fazer? Naquele momento passava por ali um banhista, e ela pediu ao homem que arrombasse a porta. O banhista ficou perplexo com o pedido, mas, considerando a insistência da freira, que assumia todas as responsabilidades, ele arrombou a porta e a janela.

Irmã Dulce voltou, então, para buscar o seu "menino doente" e o levou até a casa, onde o deitou e o cobriu. Depois foi à venda mais próxima, comprou leite e biscoitos, e recomendou ao menino que dormisse, pois, de manhã cedo, ela voltaria. Convenceu, por fim, dona Florentina, irmã do pároco, para que cuidasse do doente até o novo dia, quando traria um médico.

A notícia se espalhou rapidamente, e seu segundo auxílio foi a uma mulher idosa e abandonada. Irmã Dulce mandou arrombar a segunda casa, depois a terceira, e se criou uma confusão danada. A única que estava serena, tranquila, pelo bem que fazia, era ela. Havia realizado um gesto profético que abrira novos caminhos.

Os profetas não têm medo, sentem-se impulsionados a agir e a fazer coisas que rompem as seguranças e a força das leis. O amor é a única lei que orienta os profetas de todos os tempos.

Onde não há amor, coloque amor

São João da Cruz, místico e profeta do seu tempo, também realizou gestos difíceis de compreender com a luz da razão. Escreveu uma sentença que ainda hoje conserva todo o seu valor: "Onde não há amor, coloque amor e receberás amor!".

Irmã Dulce começou a encher as casinhas abandonadas da Ilha dos Ratos com doentes, pobres, com pessoas que dormiam nas calçadas. E dizia que era "para que morressem bem". Não queria que alguém morresse na rua, sozinho, abandonado e sem conforto. Contudo, esse seu gesto profético saiu do controle e foi parar nos jornais, no tribunal, e o dono daquelas casinhas não ficou calado. Sentiu-se ofendido e, mesmo considerando a coragem única daquela freirinha, exigiu que a lei da propriedade privada fosse respeitada.

Até mesmo a superiora de Irmã Dulce, uma alemã rígida, exigente, apavorou-se com a situação e tentou chamar a atenção dela, a fim de resolver o caso, mas foi em vão. Muitos anos depois, a própria Irmã Dulce reproduziria com fidelidade esse encontro com o dono das casas[1].

– Olha, Irmã Dulce, o que a senhora está fazendo? Está arrombando a casa dos outros e botando doentes.

– Olhe, doutor, enquanto o senhor não arranjar um lugar onde botar os doentes pra morrer, eu vou fazer isso mesmo. Não vou negar ao senhor, não – devolveu. E reforçou a carga: – Eu vou fazer isso: onde encontrar uma casa velha, eu arrombo.

– A senhora está doida?

– Não, não tô, não.

– Eu vou lá ver isso – ameaçou o diretor.

– Então, o senhor vá! – dobrando a aposta.

Irmã Dulce voltou à Ilha dos Ratos para preparar os doentes para uma possível expulsão do lugar. Foi uma

---

1. ROCHA, GRACILIANO, *Irmã Dulce, a santa dos pobres*, São Paulo, Planeta, 2019, 84.

verdadeira e enorme choradeira. E, agora, onde eles e elas iriam para morrer sossegados?

Irmã Dulce, com a sua maneira doce, meiga, de uma mãe, consolava os doentes, dizendo para rezar que Deus providenciaria outro lugar, e que tudo seria acertado pelo bem deles.

O doutor, de quem não sabemos o nome, foi fiel à sua promessa, chegou para visitar o lugar e o que viu enterneceu seu coração. Viu nas suas cinco casinhas, deitados bem limpinhos no chão, sobre esteiras, homens e mulheres à espera da morte.

O homem ficou comovido diante dessa situação e saiu, com os dois acompanhantes do posto de saúde, sem dizer nada. Depois de pouco tempo, chegaram pacotes de pão e de biscoitos, leite. Eram presentes do dono das casinhas. E fizeram uma aliança entre si: Irmã Dulce se comprometia a não colocar mais doentes, e os que estavam ali ficariam até que pudessem voltar para a própria casa ou ir para o cemitério.

O amor havia vencido.

12

Precisavam de mais espaço...

Nunca as guerras trouxeram progresso, mas somente regressos: fábricas são fechadas, a pobreza e as doenças aumentam, e os ricos tentam, de todos os meios, conservar o próprio dinheiro.

Irmã Dulce, por sua vez, ainda que estivesse feliz pela primeira ventura de ter conseguido a permissão de usar as cinco casas abandonadas que havia invadido, via que os seus "fregueses" só aumentavam. Passou, então, a procurar lugares mais amplos para poder acolher em um só lugar todos os pobres e doentes.

Segundo informações da época, o número de mortes era alto nos bairros pobres de Salvador, como na Ilha dos Ratos, e a mortalidade infantil aumentava espantosamente... Os médicos disponíveis ali eram sempre insuficientes, pois iam para onde podiam obter mais lucro. Em 1940, na capital baiana havia somente 58 médicos. O COB, criado por frei Hildebrando, tinha dois deles para atender os doentes, mas que não conseguiam dar conta da demanda.

Enquanto isso, Irmã Dulce ia tentando conseguir mais espaço para seus pobres, onde pudesse oferecer seu amor. Os ricos a observavam com certa preocupação e, ao mesmo tempo, com silenciosa admiração e alívio, porque aquela situação de cuidado poderia diminuir a criminalidade. Onde havia um espaço vazio, mesmo em fábricas e debaixo dos viadutos, Irmã Dulce sonhava ter ali um lugar para os seus pobres.

Deus, para realizar suas grandes obras, não escolheu nem gigantes nem poderosos, mas sim pessoas pobres, frágeis de saúde, mas fortes no espírito. Basta pensar, por exemplo, na grande obra levada adiante por São Francisco de Assis, que, à imitação de Jesus, de rico se fez pobre; ou lembrar do jovem Davi, que derrotou o gigante Golias, ou da pequena monja chamada Teresinha, que, aos vinte e quatro anos, com uma só frase, derrubou uma teologia forte a qual pregava o medo de Deus: "Só a confiança nele pode salvar-nos!". E poderíamos continuar a nossa ladainha de grandes exemplos com Teresa de Calcutá, Santa Teresa Benedita da Cruz, os três pastorzinhos de Fátima, Bernadette Soubirous...

Portanto, para a grande obra que Deus queria construir em Salvador, para abrigar pobres, doentes e pessoas sem moradia, ele não escolheu grandes políticos nem ricos para levá-la adiante, mas sim uma mulher frágil, porém, que tinha as raízes profundas no terreno da fé, da esperança e do amor: Irmã Dulce.

Entretanto, em 1939, a saúde de Irmã Dulce começa a fraquejar. Talvez fosse o início da tuberculose ou, por que não, de uma depressão, devido ao excesso de trabalho? Surgiu-lhe também uma apendicite, que a prostrou. Mas uma coisa que ela nunca perdeu foi a alegria de servir a Deus e aos pobres. Em um trecho de uma carta que escreveu a sua superiora, diz: "Jesus foi bom demais para uma pobre pecadora como eu. Só a Jesus mesmo que poderei pagar todas as graças e todo o bem que me tem feito". A centralidade de Cristo na sua vida espiritual e apostólica é surpreendente. Jesus é o seu único amor, que vive na Eucaristia e nos pobres.

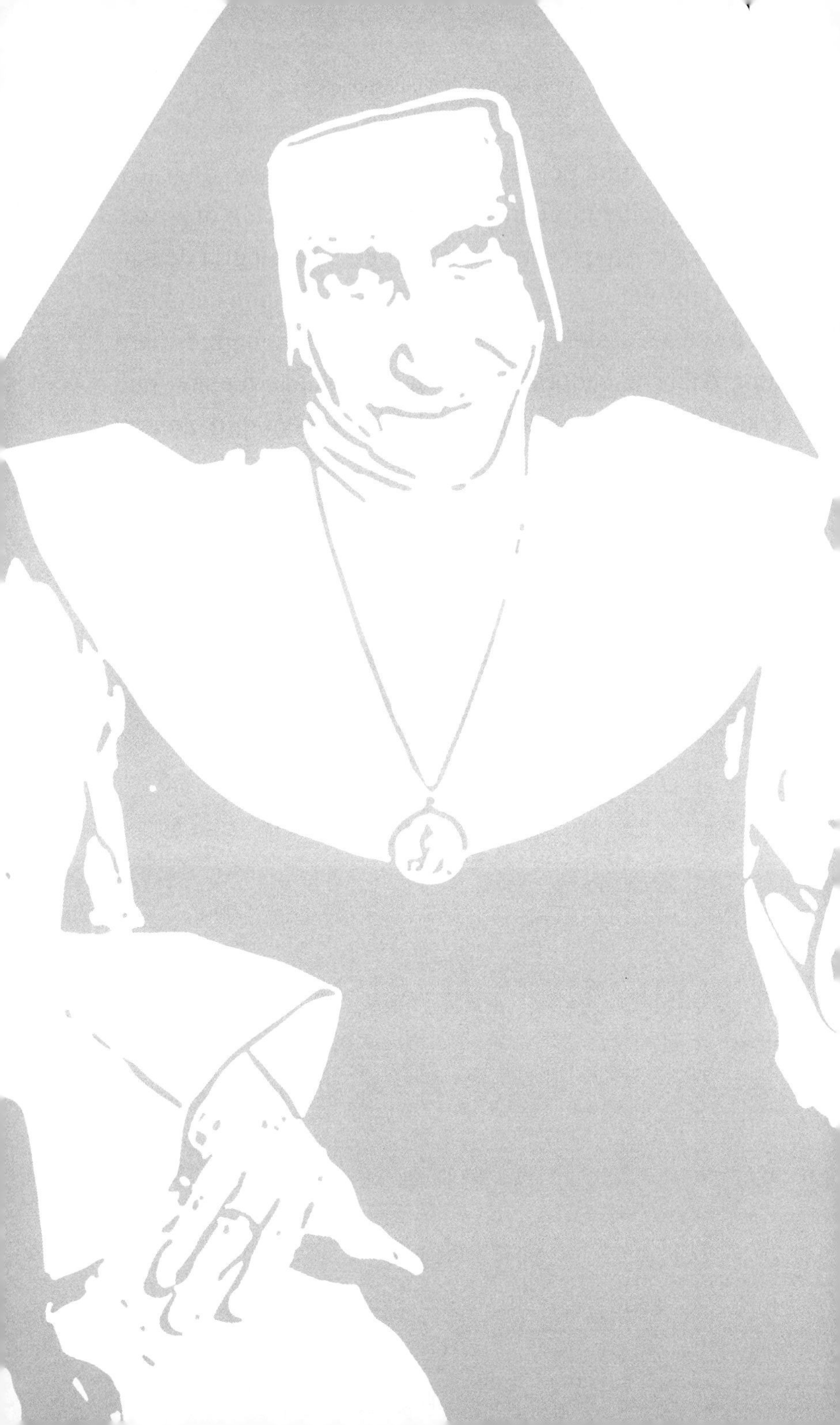

13

Por que há guerras?

Irmã Dulce, aos vinte e cinco anos, era uma jovem madura, forte, corajosa e com uma clareza de ideal. Ela sabia o que queria; não que tivesse alcançado a plenitude, mas, como diz o apóstolo Paulo, olhava o passado, via o seu futuro e vivia com entusiasmo e empenho o seu presente. Entendia que sua missão estava bem delineada: estar sempre, e com todos os meios, ao lado dos últimos, dos pobres, dos doentes, dos que não tinham um pedaço de pão; de todos os que, muitas vezes, se veem vítimas da injustiça institucionalizada.

E, embora as notícias não corressem como hoje, e levassem semanas para chegar da Europa até os rincões deste imenso Brasil, além de os jornais serem raros e o rádio um dos únicos meios para se estar ao par do que acontecia no mundo, os terrores da guerra – triste guerra! – estavam amedrontando o povo brasileiro, com a perseguição nazista e o fascismo na Itália apoiando Hitler. Com isso, ao mesmo tempo no Brasil procurava-se tirar os alemães dos lugares de responsabilidade. E foi o que aconteceu com frei Hildebrando, colocado de lado por vontade do arcebispo da Bahia e até do governador.

Irmã Dulce, então, viu-se em uma posição difícil, mas também providencial, passando a ser a gestora de toda a obra social que seu diretor espiritual tinha colocado em pé. Já que alguém precisava ocupar o lugar de frei Hildebrando, quem melhor que ela? Tinha o carisma organizativo e, ao mesmo tempo, o carisma espiritual para poder guiar o círculo operário da Bahia, à luz do Evangelho e da Igreja.

O frenesi e a fome expansionista da Europa não podiam tardar muito a chegar também ao Brasil. Quanto a tal situação, eu não sou um historiador capaz de julgá-la; sou simplesmente alguém que é contra as guerras, sejam quais forem, e contra as armas. Aliás, carrego em mim um complexo contra armas. Quando vejo um fuzil ou um revólver, suo frio. E sei a causa. Minha mãe estava grávida de um mês quando, em 14 de julho de 1944, os alemães mataram meu pai, Alessandro. A sua morte, e o fato de não tê-lo conhecido, me marcaram muito; e, embora minha mãe, Domênica, tenha me educado com amor e sido, para mim, mãe e pai, trago-o sempre comigo. A guerra é fruto de ódio, de soberba e de ganância.

Quantos mortos na última guerra mundial, e a humanidade não aprendeu a lição! Hoje vemos povos contra povos, repetindo, de maneira mais sofisticada, as mesmas atrocidades daquele período. As guerras não terão fim, porque enriquecem muitas pessoas. São declaradas por chefes de Estado covardes e "velhacos", que, depois, se escondem em *bunkers* para não serem mortos e enviam à morte pessoas inocentes. A diplomacia é uma "falsidade", cortina de fumaça, pois, passado o momento, recomeça-se tudo novamente.

Irmã Dulce não se deixou amedrontar pelo aumento de trabalho, quando se tornou, sem querer, o centro do movimento operário da Bahia. Contudo, quem passou a ficar preocupada foi a Congregação das Irmãs Missionárias da Imaculada Conceição, à qual pertencia Irmã Dulce. Chegou um momento em que as superiores a proibiram de se envolver com os movimentos operários, com desfiles, com paradas, a não ser que fossem organizados pelas autoridades civis e religiosas.

E não demorou muito tempo para que a proibissem também de ter qualquer responsabilidade administrativa na Congregação, de assinar duplicatas, de mexer com dinheiro, e de pedir dinheiro...

Desobedecer para obedecer...

Ninguém é capaz de parar o Espírito Santo. Podem vir proibições, mas, quem sente dentro de si a voz da consciência e a força do próprio ideal, vai em frente e enfrenta todos os perigos. Aconteceu isso com os profetas do Antigo Testamento, aconteceu com Jesus muitas vezes, quando os fariseus, os escribas e os sumos sacerdotes tentaram colocar um basta às suas pregações, e aconteceu com João Batista, que enfrentou Herodes e Herodíades. Com os apóstolos foi a mesma coisa, e um texto de Atos dos Apóstolos ilustra isso, quando Pedro e João foram presos porque anunciavam Jesus:

> O sumo sacerdote e todos os seus partidários (isto é, a facção dos saduceus) encheram-se de raiva, mandaram prender os apóstolos e lançá-los na cadeia pública. Durante a noite, porém, o anjo do Senhor abriu as portas da prisão e os fez sair, dizendo: "Apresentai-vos no templo e anunciai ao povo toda a mensagem a respeito desta Vida". Eles obedeceram e, ao amanhecer, entraram no templo e começaram a ensinar. O sumo sacerdote chegou com os seus partidários e convocou o Sinédrio e o conselho de anciãos dos israelitas. Então mandaram buscar os apóstolos na prisão. Mas, ao chegarem à prisão, os servos não os encontraram e voltaram, dizendo: "Encontramos a prisão fechada, com toda a segurança, e os guardas a postos, na frente da porta. Mas, quando abrimos a porta, não encontramos ninguém lá dentro". Ao ouvirem essa notícia, o comandante da guarda do templo e os sumos sacerdotes não sabiam o que pensar, e perguntavam-se o que poderia ter acontecido. Chegou alguém que lhes comunicou: "Os homens que metestes na prisão estão no templo, ensinando o povo!" Então

o comandante saiu com os guardas e trouxe os apóstolos, mas sem violência, pois tinham medo de que o povo os atacasse com pedras. Levaram os apóstolos e os apresentaram ao Sinédrio. O sumo sacerdote começou a interrogá-los: "Não vos proibimos expressamente de ensinar nesse nome? Apesar disso, enchestes a cidade de Jerusalém com a vossa doutrina. E ainda quereis nos responsabilizar pela morte desse homem!" Então Pedro e os outros apóstolos responderam: "É preciso obedecer a Deus antes que aos homens. O Deus de nossos pais suscitou Jesus, a quem vós matastes, pregando-o numa cruz. Deus, porém, por seu poder, o exaltou, tornando-o Chefe e Salvador, para propiciar a Israel a conversão e o perdão dos seus pecados. E disso somos testemunhas, nós e o Espírito Santo, que Deus concedeu àqueles que lhe obedecem". Quando ouviram isso, ficaram furiosos e queriam matá-los (At 5,17-33).

Aconteceu também com Catarina de Sena, com Teresa d'Ávila, com Teresa de Calcutá e com Irmã Dulce. Ela, mesmo com proibições, continuou com sua vida de freira. Supervisionava o Colégio Santo Antônio, na Ilha dos Ratos, e a ilha de Itapagipe, onde tinha ganhado um terreno de uma viúva rica de Salvador, dona de indústrias. Visitava os doentes e recolhia os moribundos nas ruas. Rezava e tentava angariar dinheiro para as obras. É verdade que, por trás dela, estava frei Hildebrando, que a orientava em tudo. Mas ela não era uma marionete, pois agia por sua perspicácia e capacidade; tinha uma força empática única, que, com suas palavras e seus gestos proféticos, sabia convencer as mentes de pessoas mais duras, desejosas, no início, de acabar com ela, mas que, no fim, acabavam tornando-se amigas e patrocinadoras. São os jogos de Deus que a mente humana não pode compreender.

Ela conseguiu dinheiro de industriais, de políticos, e até mesmo da primeira dama da Bahia, dona Ruth Aleixo, esposa do governador Landulfo Alves, que lhe deu uma boa quantia de 50 mil cruzeiros. Era a moeda daquele tempo.

Como diz o ditado, "de grão em grão, a galinha enche o papo". E assim estava acontecendo com os projetos e as obras da Irmã Dulce, que sabia sonhar grande, não para si, mas para benefício dos pobres. Era consciente de que, para mantê-los, precisava de dinheiro, de fundos; por isso, era preciso construir a nova sede do COB e um grande cinema, cujas rendas deveriam subvencionar as necessidades dos mais pobres, que não tinham, literalmente, onde cair mortos.

Irmã Dulce, no fogo cruzado entre os amigos que financiavam suas obras e os detratores que viam manobras escondidas no dinheiro arrecadado, passou sem se queimar, mas ficou chamuscada pelas labaredas. Mesmo assim, percebeu com clareza que não podia parar, que sua vida era uma corrida sem freio, e isso foi prejudicando a sua já frágil saúde. Mas ela não parou!

Como agir diante das proibições da superiora, que não queria vê-la envolver-se nos trabalhos, fossem do COB, fosse com os pobres, fosse ainda com as catequeses, que a levavam a ficar mais fora do convento que dentro dele?

Seria frei Hildebrando que, com seu jeito autoritário, resolveria o problema com a superiora, que não sabia dizer não. E Irmã Dulce "desobedece, obedecendo". Ela continua a exercer suas várias funções; porém, o seu tesouro não era mais o colégio nem a vida ritmada dos atos comunitários da Congregação, mas sim uma vida que vai lentamente tomando outro rumo e que abre diante dela novos horizontes: acolher os pobres, dinamizar o COB, pensar nas famílias dos operários e poder construir, no terreno recebido como presente, uma grande obra: o novo centro dos operários e o cinema.

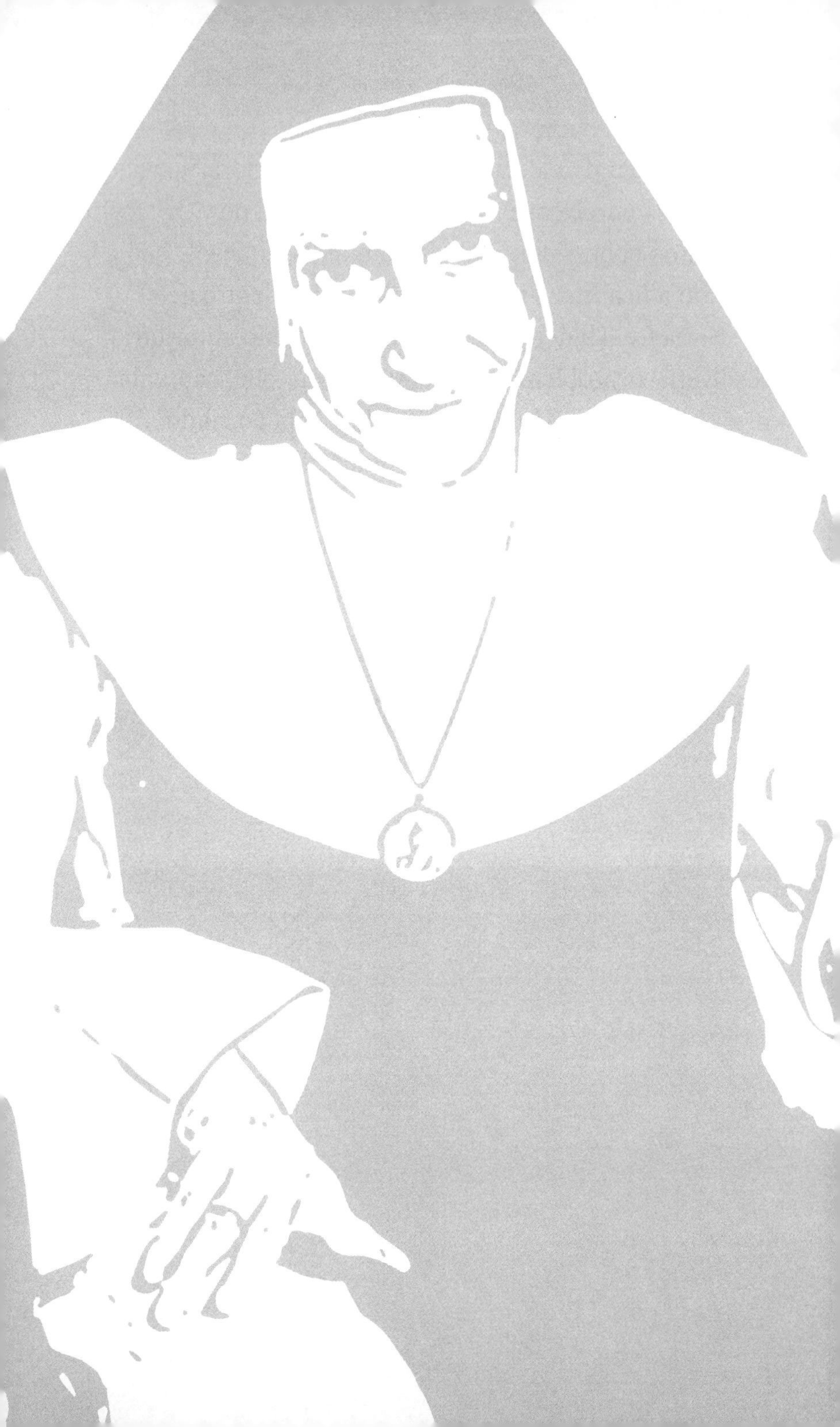

14

Em busca de dinheiro

As obras são idealizadas com a luz do Espírito Santo, sonhadas na oração, mas não se constroem com a oração, senão com dinheiro, e, normalmente, com o dinheiro dos pobres, que creem na obra e, com a ajuda também dos ricos, conseguem "galvanizá-los" com a força empática. E Irmã Dulce, que tinha vivido à sombra de frei Hildebrando, grande sonhador, e circundado de respeito e de admiração dos ricos e ricas de Salvador, sabia onde pedir. Mas o frei a enviava porque ela tinha vergonha de pedir para si mesma, mas não pelos seus pobres. Ela sabia também como pedir ajuda ao seu pai, o dentista das celebridades da Bahia, aos amigos, aos bancos e até mesmo ao presidente da República.

Irmã Dulce rapidamente se tornou "o caixa" das obras, e frei Hildebrando fez de tudo para que ela, com sua força de convencimento, pudesse encontrar os ricos de Salvador. Você se lembra de Norberto Odebrecht? Era um jovem engenheiro quando conheceu Irmã Dulce, mas hoje seu nome é bem conhecido.

A família de Norberto Odebrecht, originária da Alemanha, tinha se instalado em Blumenau, Santa Catarina.

O pai era construtor e tinha enriquecido no ramo das construções, especialmente com cimento armado. Os seus negócios se estenderam para o Nordeste, até a Bahia. Era um homem corajoso, mas a guerra também fora para ele um entrave. Era amigo de frei Hildebrando, que em vários momentos lhe fora de grande ajuda. O filho Norberto era amigo de Irmã Dulce, e, por causa das obras de construção, eles se encontravam e se falavam bastante. Afastaram-se um pouco, certo período, mas as estradas dos dois voltaram a se encontrar pela mediação de frei Hildebrando.

Reencontraram-se em 1945, em uma cela do convento franciscano. Na presença do frei, Norberto Odebrecht e Irmã Dulce foram convocados para uma reunião. Ela levou consigo a escritura do terreno do largo Roma, doado pela herdeira de Bernard Catharino, rico industrial de Salvador. Foi um encontro seco, rápido, mas com conteúdo certeiro e com um projeto bem definido. Frei Hildebrando disse: "Norberto, esta aqui, você a conhece, é Irmã Dulce. Ela recebeu a doação de um terreno para construir o novo centro operário, e você vai se encarregar de dirigir as obras e construir esse centro. É o meu presente pela sua formatura como engenheiro".

Norberto ficou sem palavras. No início, comovido pela confiança de frei Hildebrando, mas imediatamente tomou consciência da realidade e contestou: "Sem dúvida, frei, mas e os recursos?".

E frei Hildebrando, com seu jeito alemão, sem meias-palavras, olhou para Irmã Dulce e Norberto e disse: "Vocês se virem. Eu quero só inaugurar o quanto antes o novo centro dos operários".

A ajuda do próprio presidente da República

Irmã Dulce estava satisfeita e ia de um lado para o outro para angariar dinheiro. Pessoas importantes, quermesses, festinhas, rifas, eram os meios que ela usava para fazer frente minimamente às despesas. E a Norberto, paga e paga, mas lentamente o dinheiro começa a faltar e as obras ameaçam parar. Contudo, em 1948, o cinema Roma abriu suas portas com uma participação imensa de povo. Uma alegria sem medida para frei Hildebrando e para sua fiel administradora, Irmã Dulce.

Nesse período, o presidente da República, Eurico Gaspar Dutra, se encontrava na Bahia para inaugurar uma estrada e aproveitou para visitar o círculo dos operários, o COB. Ele ficou admirado com tanta beleza. À frente estava Irmã Dulce, que organizou a recepção, e ela não deixou passar a oportunidade de pedir dinheiro para a sua obra. *O Jornal da Tarde* registrou o diálogo entre Irmã Dulce e o presidente:

– Presidente, além da minha própria família, eu tenho outra muito grande. [...]

— Nesse caso, minha freirinha, sou seu pai duas vezes e, portanto, seu avô – respondeu o presidente.

— Avô rico, muito mais rico que o pai, que é pobre – completou o governador, levantando a bola para a freira cortar.

— Meu avô, sua neta está devendo muito e precisa de seis milhões e quinhentos [mil] cruzeiros...

Dutra deu risada da conversa e encarregou ali mesmo o ministro da Educação, o banqueiro baiano Clemente Mariani, de atender a freira. Foi o presidente da República a ceder a um pedido de Irmã Dulce[1].

Prometer dinheiro é fácil... difícil é receber

O presidente Dutra tinha prometido ainda mais dinheiro a Irmã Dulce, e encarregado o Ministro da Educação de resolver isso... Mas foi difícil receber os oito milhões prometidos. Começou um vaivém de papeladas, assinaturas, que não tinha fim. Frei Hildebrando achou que a única maneira de avançar nas promessas, para que saíssem do papel, era enviar Irmã Dulce ao Rio de Janeiro, que naquele tempo era a capital do Brasil. E ela foi.

Conseguiu uma entrevista com o presidente em uma hora serena e tranquila, às cinco da manhã. Foi uma visita rápida, mas proveitosa, em que o presidente Dutra deu ordens para que fossem destinados oito milhões de

---

1. ROCHA, *Irmã Dulce, a santa dos pobres*, 101.

cruzeiros às obras de Irmã Dulce. Mas sabemos que não foi fácil esse dinheiro chegar a seu destino.

Apesar disso, a vida de Irmã Dulce prosseguia com o mesmo ritmo missionário, sem descanso, em que, como "mãe dos pobres", consolava os doentes, a quem não deixava de atender, mas sem deixar de lado sua vida interior, participando da Santa Missa, das orações, como o centro de sua rotina, consciente da sua consagração e de ser profeta e missionária de Jesus.

Contudo, a sua saúde frágil começou a suscitar preocupações, seja na Congregação, seja no grupo dos operários do COB, que procuraram que ela se afastasse por um período de todas as atividades, para descansar... No entanto, as obras tinham de seguir, com pouco dinheiro, mas com muito entusiasmo, e todos procuravam cooperar, pois estavam a serviço dos mais necessitados. O dinheiro prometido continuava a chegar em conta-gotas, mas sempre chegava, e as obras podiam prosseguir.

O ano de 1950 foi um divisor na vida de Irmã Dulce, que, de uma dedicada administradora de obras, voltou-se totalmente a sua missão de aliviar o sofrimento dos últimos, das pessoas sozinhas e sem recursos. Ela era consciente de que todas as obras, mesmo beneficentes, necessitam de dinheiro, que depende, muitas vezes, da bondade dos ricos para ser conseguido. Cabia a ela, portanto, comovê-los para se decidirem a abrir a carteira e doar sem retorno, ou fazer "gordos" cheques em favor de quem nada tinha.

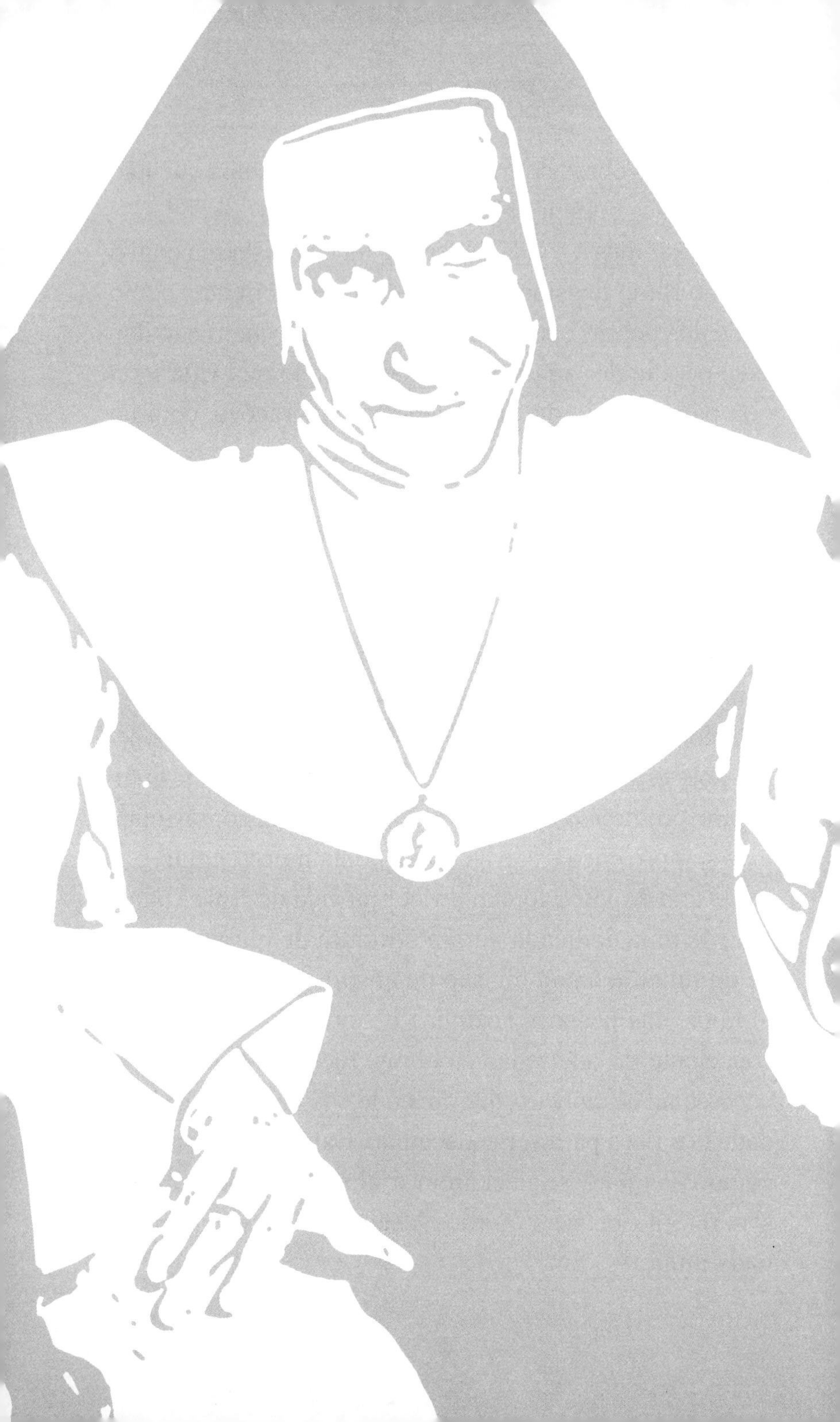

15

O coração, pequena capela de Jesus

Irmã Dulce possuía uma fé inabalável; confiava, sim, na ajuda dos homens, dos ricos, para sua obra, mas confiava muito mais em Deus. Ela se recordava muitas vezes das palavras de Jesus: "Sem mim nada podeis fazer" (Jo 15,5). Sim, tudo que fazemos, se não se alicerça na Palavra de Deus, é como construir um castelo sobre areia: à primeira tempestade e ventania, cai, fazendo um grande barulho. Todavia, o que se constrói para ajudar os "Cristos" sofredores, refletidos nas pessoas sem esperança, vai dando seus frutos. Amar Jesus é caminhar para a cruz, amar o próximo e se encontrar sozinho para carregar a própria cruz. Os outros podem admirá-lo, mas, quando você tiver dificuldades, vão deixá-lo sozinho.

Para Irmã Dulce, pessoalmente, as coisas iam bem. O cinema prosperava, os círculos operários da Bahia seguiam com sucesso, e ela desfrutava de ótima saúde. No entanto, os pobres, os moradores de rua, iam mal, sendo despejados de um lugar para outro, sem moradia fixa. Que fazer? Irmã Dulce tinha tentado invadir fábricas, mas por fim devia abandoná-las, pela força da lei. Tentou alojá-los sob os viadutos, que estavam sendo construídos para celebrar os quatrocentos anos da fundação de Salvador, como um cartão de visitas. Mas o prefeito da cidade era "osso duro de roer". Houve entre os dois um diálogo firme: ele queria que Irmã Dulce fosse embora com seus doentes, e ela pediu-lhe um local para acomodá-los; porém, ela perdeu a batalha.

Onde colocar, então, os doentes, cerca de setenta pessoas, mais os moradores de rua que apareciam e desapareciam? Lembrou-se que havia um pequeno espaço vazio ao lado do convento, que antes fora um galinheiro, mas já não existiam mais galinhas, porque todas viraram refeição para os doentes... Assim, como sua superiora era uma pessoa boa, sensível, Irmã Dulce pediu para acomodar os pobres e doentes ali por um tempo.

Onde Irmã Dulce encontrava forças para não desanimar, para ver-se jogada de um lado para o outro, em uma via-crúcis sem fim? Na oração. Era fiel a seu encontro cotidiano com Deus, à oração do terço, às práticas de piedade, especialmente à Eucaristia. Ela mesma definiu que seu coração era uma "capela para Jesus".

Eis a força: não podemos conseguir nada se não fizermos da nossa vida uma oração contínua.

Nós não podemos conseguir nada se nós não fizermos da nossa vida uma oração contínua. Eu recorro a Ele sem interrupção. Afinal de contas, somos humanos, ainda não somos anjos. A oração é que faz tudo, a ação é decorrente da oração. Nós não podemos nos dedicar à ação sem a oração, porque seria tudo perdido, não seria uma coisa de Deus. O que nós temos conseguido aqui é somente pela oração[1].

Os homens, as estruturas, os poderes públicos nada podem contra o que nasce da oração. Aliás, quanto mais dificuldades, mais as obras de Deus resplandecem em toda a sua beleza.

Houve tentativas de "transferir" Irmã Dulce para Fortaleza, em outra casa da Congregação, mas não deu certo. Suas raízes não estavam na Bahia, mas sim em Cristo Jesus. Nos pobres, ela via não só seres humanos, esvaziados de sua dignidade, mas o Cristo sofredor: "Eu tive fome e me destes de comer..." (cf. Mt 25).

Os homens fecham uma porta e Deus abre portões e janelas, para que seus amados não sejam abandonados.

---

1. ROCHA, *Irmã Dulce, a santa dos pobres*, 114.

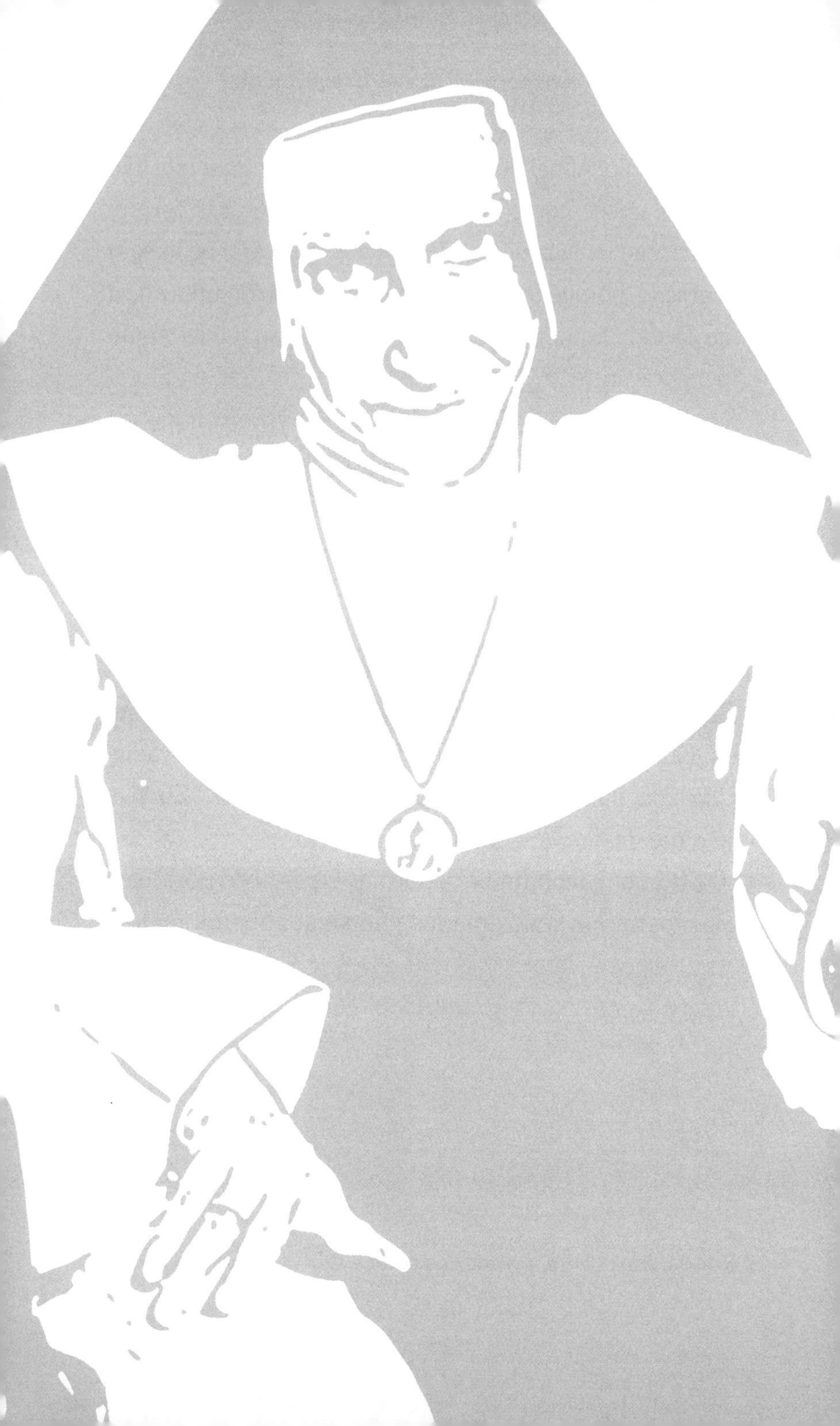

16

Muitos conselhos e pouco dinheiro

Quem segue Jesus não pode confiar nos bancos, no dinheiro e nas amizades com os poderosos desta terra, mas sim em Deus, o Bom Pastor, que não nos deixa faltar nada, mesmo quando caminhamos por vales escuros.

O trabalho de Irmã Dulce continuava, mas lentamente ela se afasta um pouco dos compromissos dos círculos operários da Bahia para dar mais assistência, seja ao Colégio Santo Antônio, seja aos pobres. O número de ricos diminuía, e o de pobres só aumentava. Muitas pessoas que abandonavam o sertão e corriam para a cidade, na esperança de encontrar trabalho e uma vida mais fácil, na verdade, encontravam mais pobreza, sem lugar para morar nem para trabalhar. Criou-se ao redor da cidade de Salvador um grande "cinturão de pobreza" e de pobres desconhecidos.

Com isso, Irmã Dulce se vê obrigada a sair pelas ruas, casas de comércio, feiras livres para pedir esmola e, assim, auxiliar os pobres, que aumentavam sempre mais.

E sempre encontrava corações que se comoviam com aquela freirinha que pedia esmolas, que procuravam ajudá-la. Outros, porém, se fechavam sempre mais e viam nos pobres um "perigo" à própria segurança e bem-estar econômico.

Pedir para si mesmo é vergonha; pedir para os outros é amor e coragem. Aos poucos, ver Irmã Dulce pedindo esmolas se tornou um acontecimento diário. Ela recolhia o que podia e depois procurava alguém, um taxista, uma charrete, que pudesse levar os víveres arranjados para o convento, e aí, com ajuda de voluntárias, os transformava em comida para os doentes.

Na feira de Água dos Meninos

Nessa feira de bairro, onde se reunia muita gente e era um verdadeiro mercado a céu aberto, Irmã Dulce se movimentava com facilidade e segurança. Parava aqui e acolá e pedia: havia quem desse um pouco de feijões, um bocado de arroz, um pedaço de carne ou algumas cabeças de peixe. Tudo era bom para as panelas quase vazias de Irmã Dulce. Mas especialmente ela se detinha para consolar algum doente deitado na calçada, à espera da morte. E um dia, com sua companheira, Irmã Hilária, chegou a retirar um cadáver de um poço, que estava ali fazia alguns dias e já cheirava mal. Era uma preocupação das freiras dar uma sepultura digna aos mortos. Elas mesmas os colocavam no caixão. Quem sabe se lembrassem das aulas de catecismo, quando aprenderam que uma das obras de misericórdia corporal era "sepultar os mortos".

5 de janeiro de 1952

Irmã Dulce estava sempre com as "antenas ligadas", à escuta do grito do povo, para socorrer e levar um pouco de conforto e ajuda. Onde existisse dor, ela estava lá. E não foi diferente no dia 5 de janeiro de 1952, de manhã cedinho, por volta das 6h20 da manhã, quando se ouviu uma explosão, um barulho atordoante.

Irmã Dulce e outras Irmãs correram para ver o que tinha acontecido na rua, e o que viram foi um espetáculo apocalíptico de fogo e sangue. Um ônibus tinha se chocado contra um bonde e levara a pior, por ser mais frágil. No desastre morreram mais de trinta pessoas. Irmã Dulce e as outras freiras correram com pedras para quebrar os vidros do ônibus e poder salvar o máximo de gente possível. Um trabalho corajoso, que não deu muitos frutos positivos, mas serviu para socorrer algumas vítimas.

Se o mar rouba a terra, é também verdade que a terra rouba o mar. Foi o que aconteceu na Favela dos Alagados. Ali os pobres tinham conseguido uma terra para construir casebres e abrigar os recém-chegados do interior, porém, em razão da falta de saneamento básico e do acúmulo de lixo, o local se tornou abrigo de mosquitos e foco de doenças. Irmã Dulce viu, assim, aumentar o número dos pobres que necessitavam de ajuda. Para prover a todos, comprava fiado, nas farmácias, remédios e medicamentos, e, depois, quando podia, pagava. Era uma boa pagadora.

Os santos têm as mãos furadas, pois, quanto mais recebem, mais dão. Deus, que é bom pagador, nunca deixa sem recompensa os que o servem nos pobres. Contudo, para Irmã Dulce, os pobres não são somente os que não têm pão, moradia, saúde, mas também os ricos em dinheiro, porém sem fé, sem esperança, e que vivem preocupados com o próprio futuro, sem experimentar a alegria de fazer o bem. Os ricos dão muitos conselhos e pouco dinheiro, e os pobres dão poucos conselhos e muitos centavos. As obras se constroem com o "óbolo" da viúva, que deu todo o seu sustento.

> Jesus estava sentado em frente do cofre das ofertas e observava como a multidão punha dinheiro no cofre. Muitos ricos depositavam muito. Chegou então uma pobre viúva e deu duas moedinhas. Jesus chamou os discípulos e disse: "Em verdade vos digo: esta viúva pobre deu mais do que todos os outros que depositaram no cofre. Pois todos eles deram do que tinham de sobra, ao passo que ela, da sua pobreza, ofereceu tudo o que tinha para viver" (Mc 12,41-44).

17

O meu patrão é exigente

Temos visto que a força da Irmã Dulce não vinha da sua saúde nem da sua estatura "de gigante"; a sua luta tinha o sustento do Espírito Santo, do seu tempo em oração, de permanecer em comunhão e recolhida na "capela do seu coração", onde estava Jesus. Era uma pessoa contemplativa, sabia ler os sinais dos tempos e sentir no coração a sua missão, sem se deixar parar por ninguém e por nada. Não tinha medo de enfrentar políticos, homens letrados e até mesmo, como veremos, homens de Igreja, que viam no seu agir uma "exageração", ainda que ela considerasse pouco, diante do Senhor, tudo o que fazia.

Parece que Irmã Dulce não era devota de Teresa do Menino Jesus, mas se identificava mais com São Francisco e Santo Antônio. Eram esses santos que, no aperto, Irmã Dulce colocava virados para a parede a fim de que resolvessem seus problemas de espaço, de comida, de medicamento, para seus doentes. Todavia, era com Santa Teresinha que tinha muito em comum. Teresinha dizia: "Quero ser missionária com a oração e com o sacrifício".

E Dulce declarava: "Quero ser servidora dos pobres pela oração, pela ação e pelo sacrifício".

Pessoas que viveram ao lado de santos relatam que faziam "penitências", para as quais torcemos o nariz e que chamamos de "fundamentalismo" e exagero, mas que para eles são uma maneira de ficar mais unidos à paixão do Senhor Jesus. Ele não nos salvou com palavras ou filosofias, mas sim com sua paixão e morte na cruz. O sacrifício consagra o nosso agir, a nossa ação; é como chuva benfazeja que faz brotar as obras. Sem sacrifício, o que fazemos tem sabor de aparência, de vanglória e de autopromoção.

Dulce e Dulcinha

Quando Dulce morreu, sua filha Maria Rita era pequenina, e esta, ao entrar no convento, escolheu o nome Dulce como homenagem à mãe. Entretanto, também outra filha do doutor Augusto chamava-se Dulce, que para Maria Rita era Dulcinha. Já adultas, Irmã Dulce tentou de todos os meios convencê-la a entrar na vida religiosa, mas o Senhor tinha outros planos para ela.

Dulcinha sempre esteve ao lado de Irmã Dulce, com seus conselhos e com sua ajuda. E como, depois de casada, tinha se mudado para o Rio de Janeiro, foi ela a encarregada de buscar parte do dinheiro prometido pelo presidente Dutra a Irmã Dulce. Ela também teve algumas dificuldades na vida, sempre com partos difíceis e até com perigo de vida, e uma de suas crianças nasceu morta. Irmã Dulce, no entanto, para obter a graça da saúde para sua "Dulcinha", não se poupava e fazia promessas e sacrifícios. Vale a pena recordar duas penitências que fez por muitos anos durante sua vida: comer pouco ou quase nada e dormir ou descansar não na cama, mas sim em uma cadeira. Tudo como sacrifício para que Deus abençoasse as suas obras e desse saúde a sua irmã Dulcinha. E Deus sempre lhe foi generoso, porque ele nunca se deixa vencer em generosidade. Santa Teresa d'Ávila costumava dizer: "Deus se doa totalmente a quem a ele se doa totalmente. É um patrão exigente".

Os santos não acreditam no acaso nem no determinismo, mas sim na providência de Deus, e por isso creem no Evangelho. "Quando duas ou três pessoas se reunirem para rezar juntas, eu estarei no meio delas" (Mt 18,20), como nos conforta e confirma Jesus.

Irmã Dulce beirava os quarenta anos quando se tornou superiora do convento de Santo Antônio. Com tudo o que isso comporta e como se esse trabalho não lhe fosse suficiente, levava à frente a missão recebida por Deus de cuidar dos doentes, dos mendigos, dos pobres, que aumentavam sempre mais... Assim, toda manhã, ao raiar do sol, diante do portão do ambulatório, que antes era o famoso galinheiro, formava-se uma fila enorme de pessoas esperando a sua vez de ser atendidas. E todas sabiam e tinham certeza de que seriam atendidas com amor. Um médico do COB, uma ou duas vezes por semana, ia visitar os doentes e prescrever remédios, mas Irmã Dulce acudia os doentes mais necessitados, que chegavam com chagas gangrenosas. Certa vez, ela mesma operou uma mulher que os médicos tinham dado como caso perdido, mas que, depois da cirurgia, viveu ainda bastante tempo.

Todavia, quando se tratava da própria saúde, ela não aceitava conselhos, era "teimosa" e fazia o que queria. Somente nos últimos anos de vida mudou de parecer, aceitando algumas regalias necessárias para continuar a servir melhor os seus pobres. As Irmãs e voluntárias que viviam com ela e cuidavam da sua alimentação confirmam que ela comia como um passarinho: no café da manhã, uma fatia de pão comum; ao meio-dia algum alimento; e, à noite, café com leite. Uma alimentação pobre, mas que, com a graça de Deus, lhe permitia levar à frente sua missão.

Ela não dormia mais de quatro ou cinco horas por noite, e o restante do tempo passava rezando o terço ou fazendo suas devoções particulares, pois não conseguia fazer isso durante o dia.

São coisas de Taciano...

Quem é Taciano? Trata-se do diretor do hospital Santo Antônio, que nos anos 1980 cuidou também da saúde de

Irmã Dulce. Ela tinha uma confiança ilimitada nele e sabia que os doentes em suas mãos poderiam estar seguros do melhor atendimento. Nessa época, ela não estava bem de saúde, e o doutor Taciano Campos, um dia, levantou-lhe a voz: "Se a senhora quer continuar a cuidar dos doentes, cuide-se primeiro". Mas o aviso ficou no ar, e Irmã Dulce, que sempre se recordava das palavras dele, respondia com um sorriso: "Essas coisas que o Taciano diz... A penitência é uma coisa minha com ele", e apontava para o céu. Outro médico, Alberto Servale, teve melhor sorte com a teimosia de Irmã Dulce: "Se a senhora quer viver mais para atender os doentes e crianças do orfanato, deve deixar de dormir na cadeira e voltar a dormir na cama...". Estas palavras colocaram "certa moderação" nas penitências dela.

A teimosia dos santos não é desobediência, mas sim obediência à voz interior do mestre Jesus, que chama e que, por meio da oração e da penitência, concede a força necessária para fazer o bem. Os santos não se preocupam consigo mesmos, mas com os outros, e alguns dos outros, que não são sempre santos, se preocupam com a saúde destes.

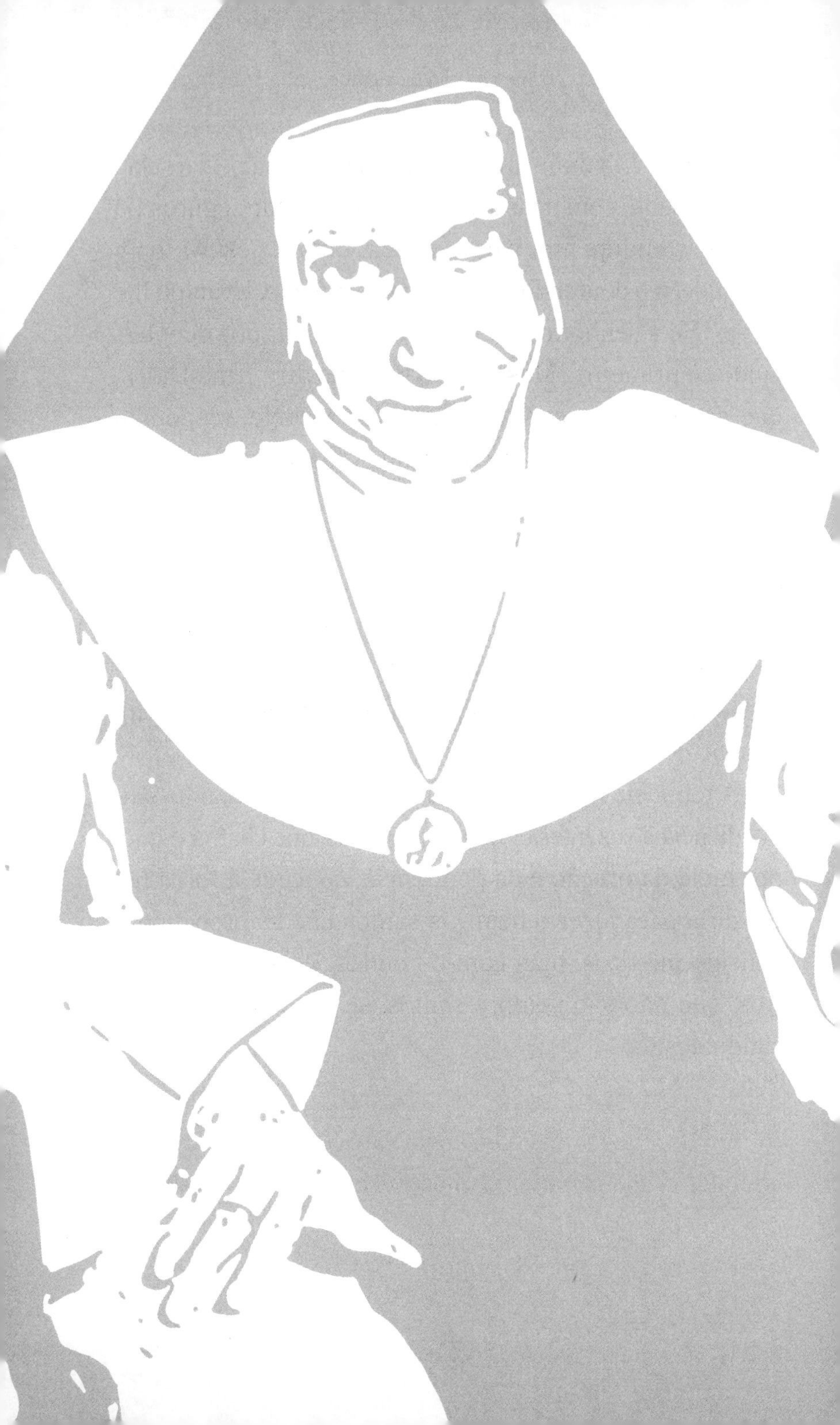

18

"O dinheiro não tem cor nem cheiro"

Este provérbio era ainda válido no tempo em que Irmã Dulce lutava para conseguir ajuda. Não se perguntava de onde vinha o dinheiro, mas o importante era tê-lo. Hoje em dia esse ditado não tem mais valor, aliás, tem um sabor de "máfia" ou de negócios não sempre lícitos. O próprio governador da Bahia, Juracy Magalhães, ajudava muitas obras com o dinheiro que vinha do jogo proibido dos cassinos, e a esposa dele era generosa em ajudar as obras de Irmã Dulce. Isso foi comprovado e reconhecido em uma carta do próprio Juracy, quando ele era embaixador do Brasil em Washington[1]:

> Meu caro Jack Kubish,
> Recebi do Hospital Aristides Maltez a documentação que lhe encaminho com esta carta. Quando era governador da Bahia, condoído com a situação das beneméritas instituições sociais, a elas destinei verba do "famigerado

---
1. ROCHA, *Irmã Dulce, a santa dos pobres*, 137.

jogo do bicho". O fato é que, durante meu governo, elas puderam viver e progredir. Dirijo-me, assim, confiantemente a você, na certeza de que fará o possível para incluir o Hospital Aristides Maltez entre as instituições brasileiras que serão amparadas pelo programa de assistência do governo americano. Pode estar certo de que estará semeando em bom terreno, pois o corpo técnico e seus empregados formam uma equipe abnegada que sabe cumprir o preceito cristão de amar o próximo como a si mesmo.
[...]

O amigo,
Juracy Magalhães

Também as obras de Irmã Dulce foram beneficiadas naquele tempo pela política, com grande alegria tanto de frei Hildebrando como de Irmã Dulce, que era a "mandachuva" seja do hospital Santo Antônio, seja do colégio e do círculo dos operários.

Tempestade no horizonte

Na verdade, porém, o "matrimônio" entre frei Hildebrando e Irmã Dulce, ainda que tenha durado bastante tempo, em certo momento começou a apresentar as primeiras rachaduras.

Quando o frei foi transferido para o convento de Recife, as obras do círculo operário "caíram" nas mãos de

Irmã Dulce. Era ela quem levava tudo adiante. Foi natural, então, que surgisse no coração e na mente de frei Hildebrando que aquela freirinha, que ele mesmo tinha iniciado e educado para ser líder, agora, o tivesse colocado de lado. Ainda mais quando, em 1959, um grupo liderado pelo próprio pai de Irmã Dulce, o doutor Augusto, dentista dos poderosos e até mesmo do arcebispo de Salvador, criou uma associação de suporte para as obras e quis nomear essa associação "Irmã Dulce". Essa foi a centelha para que a fratura entre Irmã Dulce e frei Hildebrando aumentasse, e foram necessários anos para que a ferida cicatrizasse por completo, o que aconteceu somente em 1975.

Irmã Dulce resistiu a isso, não queria que seu nome aparecesse. Ela nunca havia sido "vedete" nem nunca quis se autopromover, pois sempre estivera consciente de que o que fazia não era feito por ela, mas sim por Jesus e seus protetores, São Francisco e Santo Antônio. Foi nesse período também que se tentou desmoralizar o pai dela, dizendo-se que ele era espírita... Com tudo isso, a amizade com frei Hildebrando foi resfriando e virou uma guerra fria, que, no lugar de ajudar o crescimento do COB, acabou por afundá-lo de vez.

Irmã Dulce se viu, creio eu, sem querer, sendo catapultada para o centro das obras de caridade, e seu nome começou a viajar pelo Brasil e para o exterior como "a irmã dos pobres". Ela passou a ser uma "referência" para pobres e ricos, para políticos e para a própria Igreja, que via em suas ações um amor e uma vontade forte de acabar com a miséria física e moral do povo brasileiro. Para os políticos, Irmã Dulce era uma boa propagandista de votos e, para a Igreja, uma mão forte em favor dos necessitados.

19

Irmã Dulce, lutadora contra o comunismo

Lendo sobre Santa Dulce e rezando a ela, cheguei a uma conclusão: era simples como as pombas e prudente como as serpentes, mas muito mais simples e ingênua. Em certo momento, como diz Jesus, "os filhos das trevas são mais expertos que os filhos da luz" (Lc 16,8), e Irmã Dulce caiu sem querer na armadilha dos políticos e das multinacionais, preocupados com o "bicho-papão" do comunismo, que avançava pela América Latina, por meio de movimentos revolucionários aqui e acolá. Irmã Dulce, na sua simplicidade, preocupava-se em como manter os doentes, o albergue, e o seu coração se abria ainda mais.

Com seu coração de mãe sensível, ela viu que aumentava de maneira assustadora o número de meninos de rua, que aprendiam na escola do crime a roubar e a ser lentamente marginalizados. Com isso, depois do jantar, Irmã Dulce, com algumas de suas amigas voluntárias, começou a sair pelas ruas e ruelas de Salvador em busca de crianças que dormiam nas calçadas, e a convidá-las com belas palavras para segui-la até o albergue, onde podiam comer, tomar um banho quente e dormir. Mas alguns meninos não estavam dispostos a mudar o próprio estilo de vida, e aí ela os forçava, pegando-os "pelo colarinho" e conversando ao pé do ouvido. Muitas crianças, depois da primeira vez, voltavam espontaneamente para o abrigo ou para o orfanato.

Nesse meio-tempo, o país andava agitado com as campanhas para destituir o presidente da República, com o apoio da América do Norte, que se comprometia a enviar dinheiro e toneladas de alimentos aos mais pobres, caso o país fizesse frente ao perigo comunista. O arcebispo, então, enviava circulares para o povo baiano, dizendo que, nas eleições de 1962, deviam, de qualquer maneira, derrotar o candidato João Goulart, Jango, que era considerado um perigo para a nação e para América Latina, por ser "comunista". Na ocasião, entrou também em cena o aspecto religioso financiado pela América do Norte, de salvar a família, o rosário em família, porque "família unida jamais será vencida!".

Uma chuva de dólares

John Fitzgerald Kennedy enviou para o Brasil cerca de oito milhões de dólares para obras sociais e para a política brasileira, com a finalidade precisa de fazer do

Brasil um país amigo na luta contra o comunismo. E as obras de Irmã Dulce foram beneficiadas com isso, recebendo alimentos e dinheiro, que amenizaram um pouco as despesas sempre crescentes. Mesmo assim, ainda que aceitasse essa ajuda americana repleta de interesses, ela conseguiu permanecer à margem da política, embora algumas críticas respingassem sobre ela; o que fez o abismo entre ela e frei Hildebrando se ampliar ainda mais, e os dois pararam de se procurar. Eram caminhos diferentes de uma visão de apostolado social.

A ajuda americana não era somente de farinha, leite em pó, que Irmã Dulce distribuía com alegria entre as crianças, especialmente nas periferias de Salvador, mas também de voluntários, que chegavam da América para auxiliá-la em suas obras assistenciais. Não podemos deixar de lembrar, particularmente, o médico Frank Raila, que tinha um grande respeito à miudinha Irmã Dulce. Ele conseguiu se adaptar rapidamente ao estilo da freira e passou a atender os doentes do albergue de sol a sol, com generosidade e amor. Mesmo com um português ruim, foi um amigo importante para Irmã Dulce.

Enquanto isso, ela se tornava cada vez mais uma pessoa pública, não se pertencendo mais. Não raro se via obrigada a participar de recepções e coquetéis de pessoas importantes e conhecer autoridades que poderiam ajudar em suas obras. No coração de Irmã Dulce, porém, só havia dois amores: Deus e o próximo.

Viajante da paz

Irmã Dulce não falava outra língua, a não ser o "baianês", e, apesar disso, se encontrou no centro de uma viagem à América. Ela aceitou fazê-la só porque esperava aumentar a ajuda para suas obras: o albergue, onde todos os dias só crescia o número de pobres e doentes, e o orfanato, sempre mais necessitado de tudo. Na América, portanto, teve oportunidade de visitar a Casa Geral da sua Congregação, rezar na tumba da madre fundadora, e, em todas as suas andanças, sempre teve a ajuda de uma Irmã da Congregação para as traduções.

O resultado foi que a ajuda veio e chegaram muitos alimentos, medicamentos e roupas para as obras sociais. Não por acaso, ela ganhou o apelido de "Teresa de Calcutá brasileira", pelo seu empenho, já que se esquecia totalmente de si mesma em benefício dos outros. "Não vim para ser servido, mas para servir" (Mt 20,28) eram palavras que ressoavam no coração e na mente de Irmã Dulce. Sua busca nunca foi para si mesma, mas sempre para o bem dos irmãos.

20

A universidade dos pobres

Irmã Dulce não frequentou a universidade de letras, nem de economia, tampouco a de política, mas sim a universidade do Evangelho, na qual o Mestre Jesus Cristo a ensinou a amar os pobres e a todos os que o mundo "rejeita e considera inúteis", mas que, diante de Deus, são pérolas preciosas. Ela, laureada nessa universidade do amor, não temia as mudanças da história nem fica amarrada a nada nem a ninguém. Tinha liberdade de coração e levantava voo sempre mais alto.

Mudam os tempos, os políticos, os chefes da Igreja, mas o que não muda são os pobres. E quem ama de verdade os pobres, apesar das mudanças, permanece sempre presente e atuante às causas deles. Os benfeitores que não usam os pobres como "trampolim" para se autopromover, mas que veem neles o Cristo sofredor e chagado, que dorme debaixo dos viadutos, que tem feridas abertas na alma, estão sempre navegando em mar aberto, mesmo com as ondas que tentam afundar-lhe o barco.

O Brasil pratica uma política em que o antigo e o novo não conseguem caminhar no mesmo ritmo. A sociedade percebe que, para sobreviver, são necessárias novas tecnologias do "novo mundo". E a Igreja, por sua vez, fica entre cruz e a espada: de um lado, as velhas resistências e os pequenos feudos, que são as dioceses, onde o bispo é tudo, manda e desmanda, sente-se responsável por determinar o bem e o mal do seu rebanho; de outro lado, um vento benfazejo...

O vento de Pentecostes chegou também ao Brasil com o Concílio Vaticano II. Havia bispos, fechados em si mesmos, que queriam que o Concílio Vaticano II condenasse tudo que tinha sabor de mudanças, por exemplo, no Brasil, o espiritismo e os cultos afro-brasileiros. Mas havia outros mais abertos, que viam que era necessário entrar em diálogo com outras culturas e religiões. Como não lembrar de dom Helder Câmara, o profeta que manteria viva a chama da esperança no coração dos brasileiros, especialmente nos anos tristes da ditadura? Como não lembrar de dom Paulo Evaristo Arns? Com ambos, tive um contato amigo e fraterno.

E como não incluir entre eles Irmã Dulce, que, a fim de conseguir ajuda para suas obras assistenciais, não perguntava a qual partido nem a qual religião pertenciam seus benfeitores? Todos eram bem-vindos: quem precisava e quem ajudava.

Em contraponto a eles, cito o bispo dom Augusto, nascido em 1876. Viveu os anos do seu pontificado com medo de tudo: do modernismo, do comunismo, da renovação da

Igreja. Já o papa São João XXIII começou a abrir as janelas da Igreja, que corria o risco de se tornar "peça de museu", e insuflou-lhe um ar novo, permitindo mudanças, primeiro, nos corações e, depois, nas estruturas. O papa São Paulo VI continuou com essas mudanças, na liturgia, na pastoral, na dogmática, na moral, em uma nova maneira de conceber o Evangelho e de anunciá-lo. As radicalizações estão sempre presentes nos momentos de transição, mas lentamente as águas caudalosas das enchentes voltam ao rio tranquilo da vida.

Voltando a Irmã Dulce, ela prosseguia em sua luta de amor em favor dos pobres, expandindo-a sempre mais. Ela foi uma grande evangelizadora silenciosa, não com a palavra, mas com a vida.

A queda do presidente João Goulart, contudo, teve uma influência negativa nas obras dela, já que ele era um forte cooperador; porém, a força da fé, da esperança e do amor de Irmã Dulce não se deixou abalar. Iniciou-se então para ela a "civilização do amor": amar sempre mais e melhor, atendendo os pobres, que aumentavam a cada dia. Os muito ricos contam-se com facilidade; já os pobres, são incontáveis. "Os pobres os tereis sempre convosco" (Mc 14,7). No entanto, não devemos ajudá-los a continuar a ser pobres, mas a sair da pobreza humana, intelectual, moral e espiritual. Evangelizar quer dizer derrubar os muros das diferenças sociais.

O arcebispo de Salvador, por sua vez, exultou com o golpe militar de 1964. Apressou-se em escrever uma carta pastoral e em mandar tocar os sinos de todas as igrejas, por três dias, para agradecer a Deus pelo comunismo ter sido debelado. E assim começou, não somente na Bahia, mas em todo o Brasil, uma "caça às bruxas" aos comunistas. Uma das primeiras pessoas que foram presas, porque considerada comunista "típico", foi o doutor Mascarenhas, ginecologista que prestava serviço no hospital Santo Antônio, dirigido por Irmã Dulce. Ela tentou de todos os meios libertá-lo, mas sem sucesso, e seria necessário bastante tempo para que isso finalmente acontecesse. Esse doutor era amado por todos, e o fato de ser comunista não interferia na sua competência médica nem no seu amor pelo povo.

Por essas e por outras, Irmã Dulce ficou fora dos festejos organizados pelo arcebispo e pelas forças armadas. Ela foi fiel ao seu princípio: "a quem vem ao hospital, não pergunto a sua religião, nem a de quem me ajuda".

Formada na universidade de Jesus, tendo como mestres os pobres e os doentes, ela aprendeu a amar a todos, a fazer o bem e a agradecer àqueles que a ajudavam nessa missão.

21

A noite escura de Irmã Dulce

A estrela de Irmã Dulce ascendeu rapidamente, e ela, sem querer, se encontrou no centro das atenções de todo o povo baiano, não só por parte dos ricos, mas principalmente dos pobres. A sua simplicidade e a sua capacidade organizativa, e particularmente o seu amor aos necessitados, fizeram dela uma referência, um nome que tinha para todos uma mensagem.

Quando frei Hildebrando foi transferido para o convento de Recife, Irmã Dulce passou a tomar conta de tudo, e só aumentava o bem que fazia ao povo, com as obras assistenciais que inventava com criatividade e amor. Contudo, aumentavam também as dívidas, e sua Congregação começou a ter receio de que, um dia, teria de se responsabilizar por todas as pendências que a freira tinha em nome do hospital Santo Antônio, do orfanato e de outras obras.

Era preciso colocar um basta em tudo isso, porque os apoios tinham começado a fraquejar, seja pela prisão do médico Mascarenhas, seja pela mudança do arcebispo. Chegou então a Salvador o jovem bispo dom Eugênio

Sales, que seria uma presença importante no futuro de Irmã Dulce e na vida da Igreja e do povo brasileiro.

O maior protetor de Irmã Dulce era seu pai doutor Augusto, mas, como ele já estava com uma certa idade, na verdade, o solucionador de problemas de Irmã Dulce passou a ser o arcebispo, e depois cardeal, dom Eugênio de Araújo Sales. Nessa época, a madre geral da Congregação de Irmã Dulce sentiu que era necessário colocá-la diante de uma encruzilhada: deixar nas mãos dos leigos ou de outras pessoas todas as obras por ela criadas ou abandonar a Congregação. Irmã Dulce sentiu como se um relâmpago lhe tivesse caído na cabeça, e não sabia o que fazer nem que decisão tomar. Ela tinha consciência clara de que não podia deixar as obras iniciadas e retornar ao convento, como queriam as superioras. E foi nesse momento que dom Eugênio Sales achou a medida certa para "temporizar" a situação: dar uma licença de seis meses a Irmã Dulce para que cuidasse das suas obras, tendo a liberdade de agir como quisesse, especialmente no que dizia respeito à pobreza, embora ele mesmo pensasse que essa solução serviria pouco.

Depois de seis meses, porém, a situação estava no mesmo ponto. A quem direcionar as obras de Irmã Dulce? Que fazer? Então, o arcebispo recorreu à fórmula da exclaustração, isto é, uma licença especial que a Santa Sé concede a alguém da vida religiosa por um espaço de dois anos, renováveis, e, passado esse tempo, se poderia retornar à vida religiosa ou se desligar dela para sempre. Isso ocorreu com Teresa de Calcutá e com tantos religiosos e religiosas que sentiram no próprio coração um apelo de Deus para fazer algo que a própria Congregação não conseguia compreender.

Irmã Dulce nunca quis deixar a sua Congregação amada. Por outro lado, mesmo não querendo deixar o hábito, não queria ser totalmente consagrada ao Senhor. Tampouco tinha vontade de fundar uma nova Congregação religiosa, porque não se sentia digna nem com capacidade para isso. Queria somente circundar-se de pessoas voluntárias que a ajudassem na sua obra de assistência e de amor para com os mais necessitados e pobres.

Foram meses de sofrimento e de solidão, mas momentos também de luz e da presença de Deus. Ela mesma confessa que se sentia sozinha, tendo só Deus e seus pobres: "Estou só, não só, porque estou com Deus. Às vezes sinto saudade dos nossos belos tempos de noviciado. Agora só tenho Deus e o trabalho, que é muito difícil e muito duro. Mas tudo que se faz para Deus na pessoa do pobre é ainda pouco". No entanto, ela nunca rompeu com a sua Congregação, sendo visitada pelas Irmãs, e ela mesma visitava as Irmãs do Colégio Santa Bernadete, onde sempre se sentira amada e acolhida.

Perto do mar...

Irmã Dulce sempre se empenhou em bater em todas as portas para angariar dinheiro para suas obras, mas nem todos concordavam com a maneira como ela usava esse dinheiro que recebia. Ela o direcionava, é verdade, para a construção e a manutenção dos doentes, seja com medicamentos, comidas e outras despesas; entretanto, é também verdade que muitas pessoas se aproveitavam de sua bondade e iam até ela pedir ajuda para pagar contas de luz, passagens de ônibus e de avião, ou para acabar de construir a casa ou pagar dívidas. Irmã Dulce sempre dizia "sim" e doava o que tinha. Educada à generosidade, não sabia dizer "não", e seu coração era cheio de ternura e acreditava em tudo o que os outros lhe diziam. Uma virtude dos santos é a "teimosia", e é difícil, quando não impossível, convencê-los a agir diferentemente do que sentem dentro de si, quando o que os move é encontrar todos os caminhos que os levem a fazer o bem.

Sendo assim, a vida de caridade de Irmã Dulce continuou e, embora a Congregação das Irmãs Missionárias da Imaculada Conceição tivesse sido obrigada a desligar juridicamente Irmã Dulce do quadro de Irmãs, ela nunca se desligou do espírito e do carisma da sua amada Congregação. Sentia-se sempre em comunhão com ela, a ponto de não usar nada para si do dinheiro que recebia como doação por suas obras. Escrevendo uma carta à superiora de sua Congregação, ela pediu algumas camisas e um par de sapatos. Era pobre com uma pobreza que reluzia como ouro diante dos outros. O que ela tinha? Uma cadeira, uma cama, e basta. Os seus "livros" eram o crucifixo, a imagem da Virgem Maria e de Santo Antônio.

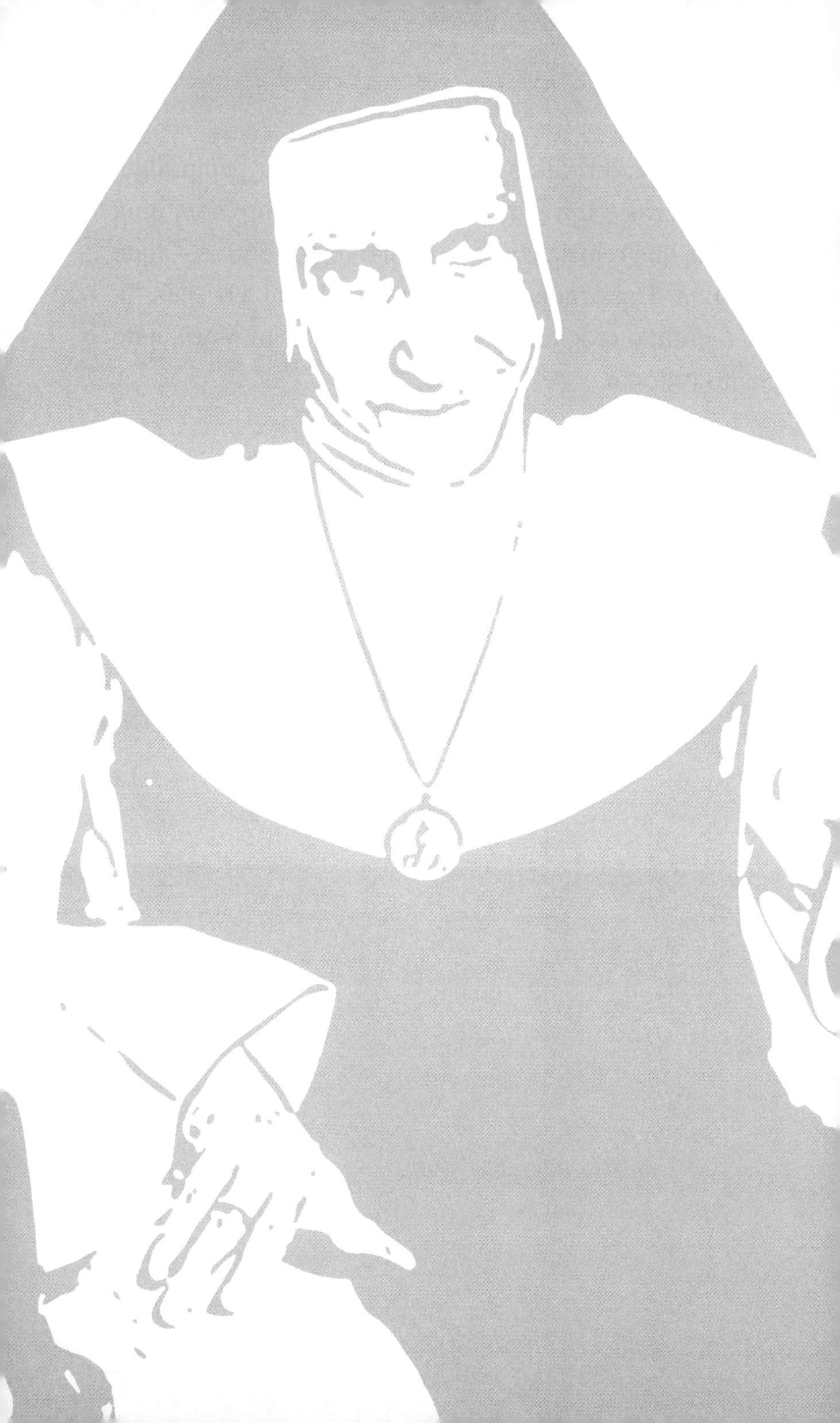

22

Muitos pobres e pouco dinheiro

A alegria de quem ajuda os pobres é poder ter sempre algo para doar, mas, na minha vida, tenho experimentado certa tristeza, que, ao mesmo tempo, é alegria, ao ter de dizer a alguém que necessita para "passar amanhã, porque hoje não tenho mais nada". É triste e, ao mesmo tempo, é alegria, porque doei tudo. Resta rezar a São José para enviar alguém que me auxilie, a fim de eu poder continuar a ajudar. O sonho de quem trabalha com os pobres é ter sempre mais doações e recursos, para que ninguém que bata à sua porta seja mandado embora sem nada.

Irmã Dulce nunca assumiu uma postura de superiora, diretora, e nunca teve um "escritório" próprio, feito de poltronas de último tipo para receber pessoas importantes. Era pobre e como tal vivia, e não se envergonhava de pegar balde, vassoura e rodo para limpar o hospital. Era uma das voluntárias, e não proprietária, mas sabia como ninguém sorrir, amar e acolher. Não fazia perguntas mais do que o necessário e ajudava a todos. Ela passou no meio do povo só fazendo o bem.

Poderíamos escrever um livro sobre os *fioretti* de Irmã Dulce, assim como os de São Francisco. Aqueles sobre quando ela parava para cuidar das feridas dos seus doentes com um amor de mãe, ou quando distribuía leite para as mães das favelas, ou quando, ao ver um doente que recebera alta sem ter aonde ir, ela o enviava para o albergue, e ali ele ficava à vontade. Não despedia ninguém sem se preocupar para onde iria e como iria.

No seu trabalho, ela soube criar uma verdadeira equipe, não de trabalhadores, mas de pessoas que estavam continuamente a seu lado, além da família: como o pai, doutor Augusto, sempre pronto a ajudá-la nos contatos com quem pudesse cooperar em suas obras assistenciais; a irmã Dulcinha, que seria não só o seu braço direito, mas também a sua confidente, passando mais tempo em Salvador que no Rio de Janeiro, onde morava; e a sobrinha Maria Rita, que ainda hoje continua o trabalho de divulgação da obra social de Santa Dulce, "a santa dos pobres".

O médico Magalhães era o seu braço forte e, como ela, sabia sonhar com ações maiores para atender mais necessitados e em melhores condições. Foi assim que conseguiu transformar o centro social de Irmã Dulce em uma sucursal da universidade de medicina de Salvador, onde muitos voluntários realizavam ali seu estágio.

Depois dele, doutor Taciano Campos seria o médico em quem Irmã Dulce confiaria cegamente, seja em relação a sua saúde, seja à dos seus doentes. Por sua vez, a Congregação das Irmãs Missionárias da Imaculada Conceição também admirava e contemplava de longe o trabalho dessa Irmã franzina, mas com caráter forte e corajoso, e sentia orgulho dela. Contudo, Irmã Dulce estava fora da Congregação, embora nunca tivesse se sentido desligada de sua família religiosa, que abraçara com tanto amor.

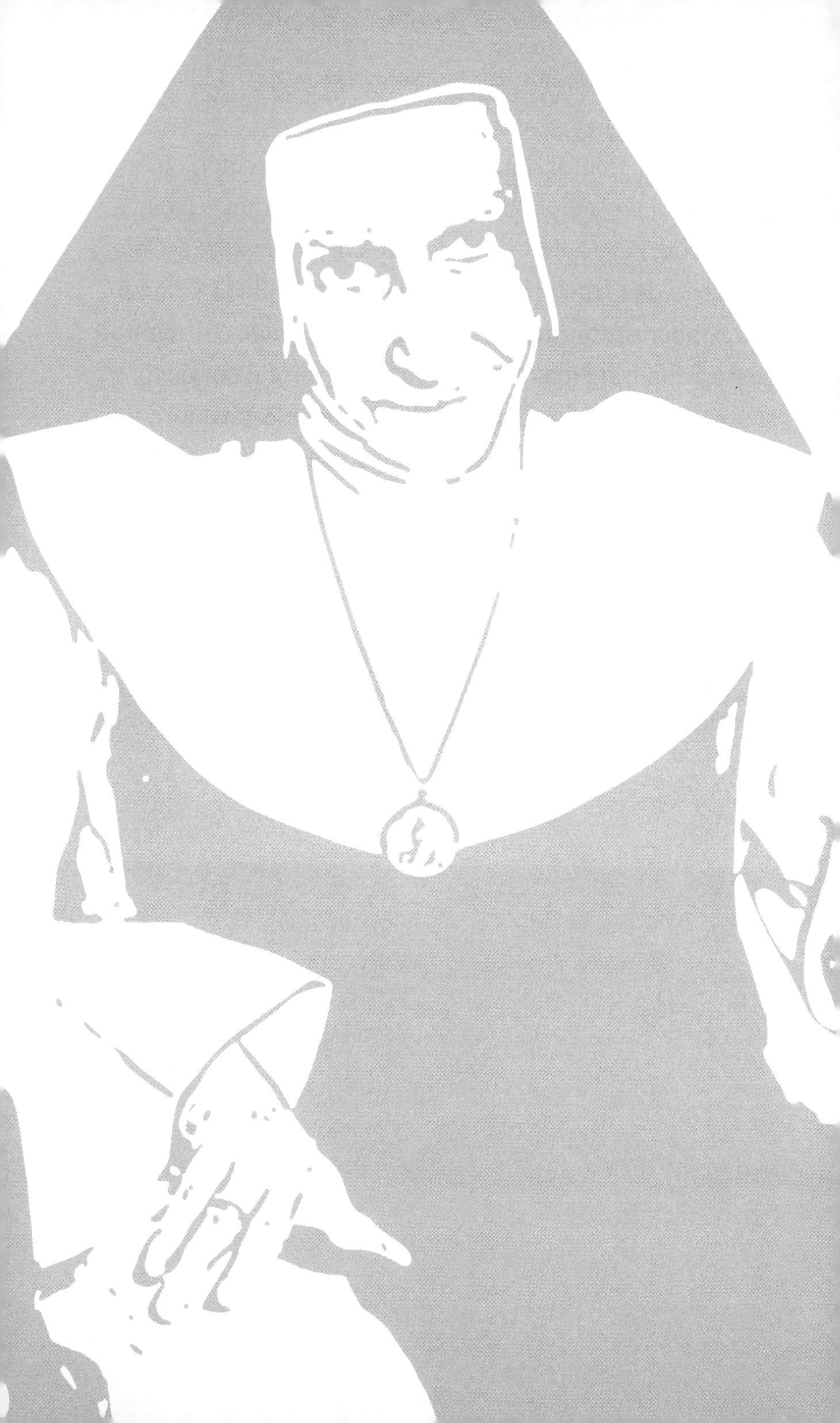

23

Irmã Dulce retorna à Congregação

Quando o arcebispo dom Eugênio Sales foi transferido para o Rio de janeiro, foi para a Bahia dom Avelar Brandão Vilela, e tal mudança levou bons ventos para lá, especialmente para Irmã Dulce, que continuava a se dedicar com todo o seu ser ao serviço dos pobres e doentes. Serviço esse que via, com alegria, aumentar na mesma proporção que diminuíam os sofrimentos dos "últimos", e sempre amparado por Deus.

Todavia, quando a noite chegava, depois de um dia duro de trabalho, de sacrifícios e de atendimento a "Jesus" escondido nos pobres, o pensamento dela voava à sua comunidade religiosa, e sentia saudade. Fazia-lhe falta a companhia das Irmãs, a oração comunitária, e sentir que, juntas, caminhavam para Deus. Já fazia anos que, por causa das obras assistenciais e por medo das dívidas de Irmã Dulce, a Congregação tinha tomado aquela decisão dolorosa, visto que Irmã Dulce não estava disposta a abandonar suas obras, nem deixar de ir atrás de outras, tampouco de tocar o coração dos ricos para que se compadecessem dos pobres.

A exclaustração fora a maneira encontrada por dom Eugênio Sales para contentar tanto a Congregação quanto Irmã Dulce. Na verdade, ela nunca quisera, por vontade própria, separar-se da Congregação das Irmãs de Maria Imaculada, e não fora só por teimosia que não aceitara afastar-se e deixar sozinhos seus pobres, mas sim porque, no seu coração, ardia a chama de um novo carisma. Por isso, suportara tudo com amor. Era uma cruz maior do que ela, porém encontrara sempre bons "cireneus" que a ajudaram, em todas as camadas da sociedade, não só na Bahia, mas também em todo o Brasil e no mundo. Mesmo distante, ela continuou a rezar as mesmas orações, a viver a pobreza absoluta, a castidade e a obediência do modo que entendia certo. Ela argumentava: "A voz de Deus é mais importante que a voz da madre geral".

Sendo assim, um retorno à Congregação era mais que esperado de ambos os lados. Certo dia, portanto, Irmã Dulce, com simplicidade e amor, pegou caneta e papel e escreveu à Congregação:

> Jamais passou pela minha cabeça deixar a Congregação, e, se assinei o documento do pedido de exclaustração, foi por ordem da Provincial da época. Daí julgar que não haja da parte da atual provincial e do seu Conselho algo que impeça de reintegrarem uma Irmã que,

durante dez anos de exclaustração, tem permanecido fiel à sua vocação...

Essas palavras abriram um caminho de volta que foi feito segundo as normas das constituições e do Direito Canônico, e, no final, deu tudo certo. O dia estabelecido para seu retorno seria 25 de fevereiro de 1976, e poderia ter sido um dia de festa na terra e no céu; contudo, não foi bem assim. No mesmo dia, o doutor Augusto, o amado pai de Irmã Dulce, faleceu aos 86 anos de idade. Ele, que no início não queria que ela se tornasse freira, no final, passou a ser seu braço direito nas obras sociais.

Irmã Dulce, embora sofresse pela morte do pai, não escondia a alegria de ter voltado a viver com suas Irmãs no convento de Santo Antônio. Ela, todos os dias depois da oração, se dirigia aos locais onde ficavam suas obras assistenciais para visitar os doentes e ser presença de Deus ao lado dos mais sofredores. Sua passagem era como de um anjo, e, mesmo sem dizer nada, levava um sopro de esperança e de alegria para todos. Voltava à tarde ao convento, serenamente, dedicando-se à oração e aos trabalhos caseiros.

A Congregação encarregara Irmã Olivia Lucinda da Silva para auxiliá-la, e, como esta já era sua conhecida, as duas trabalhavam com amor, comunhão e dedicação. E, assim, a vida de Irmã Dulce seguiu em frente, salpicada sempre de pequenos "milagres". Quando tinha necessidade de ajudar alguém a viajar, ou comprar remédios, ou pagar uma conta de luz ou gás, quando menos esperava, sempre chegava a suas mãos um envelope contendo o dinheiro certo de que precisava. São os pequenos milagres da divina providência, dos quais eu mesmo tenho tido tantas vezes provas, e são como respostas de Deus a quem nele confia.

Nem todos concordavam com esse sistema de caridade de Irmã Dulce, mas quem pode impedir uma pessoa de Deus de fazer o que o coração manda? Ninguém.

> Por isso, eu vos digo: não vivais preocupados com o que comer ou beber, quanto à vossa vida; nem com o que vestir, quanto ao vosso corpo. Afinal, a vida não é mais que o alimento, e o corpo, mais que a roupa? Olhai os pássaros do céu: não semeiam, não colhem, nem guardam em celeiros. No entanto, o vosso Pai celeste os alimenta. Será que vós não valeis mais do que eles? Quem de vós pode, com sua preocupação, acrescentar um só dia à duração de sua vida? E por que ficar tão preocupados com a roupa? Olhai como crescem os lírios do campo. Não trabalham, nem fiam. No entanto, eu vos digo, nem Salomão, em toda a sua glória, jamais se vestiu como um só dentre eles. Ora, se Deus veste assim a erva do campo, que hoje está aí e amanhã é lançada ao forno, não fará ele muito mais por vós, gente fraca de fé? (Mt 6,25-30)

24

Amor político

Irmã Dulce teria exultado de alegria com a Encíclica do papa Francisco *Fratelli tutti*, especialmente quando fala do amor político, do amor social, que deve desembocar na caridade, e da necessidade da união de todos para aliviar os sofrimentos dos demais, que não têm chance. Uma política a serviço do amor, com a cooperação de políticos e de responsáveis por obras sociais, e na qual a Igreja atua sem interesses nem lucros, mas somente por amor.

"Abrir-se ao mundo" é uma expressão de que, hoje, se apropriaram a economia e as finanças. Refere-se exclusivamente à abertura aos interesses estrangeiros ou à liberdade dos poderes econômicos para investir sem entraves nem complicações em todos os países. Os conflitos locais e o desinteresse pelo bem comum são instrumentalizados pela economia global para impor um modelo cultural único. Esta cultura unifica o mundo, mas divide as pessoas e as nações, porque "a sociedade cada vez mais globalizada torna-nos vizinhos, mas não nos faz irmãos". Encontramo-nos mais sozinhos do que nunca neste mundo massificado, que privilegia os interesses individuais e debilita a dimensão comunitária da existência. Em contrapartida, aumentam os mercados, onde as pessoas desempenham funções de consumidores ou de espectadores. O avanço deste globalismo favorece normalmente a identidade dos mais fortes que se protegem a si mesmos, mas procura dissolver as identidades das regiões mais frágeis e pobres, tornando-as mais vulneráveis e dependentes. Dessa forma, a política torna-se cada vez mais frágil perante os poderes econômicos transnacionais que aplicam o lema "divide e reinarás" (FT 12).

É melhor não cair nessa miséria. Fixemos o modelo do bom samaritano. É um texto que nos convida a fazer ressurgir a nossa vocação de cidadãos do próprio país e do mundo inteiro, construtores de um novo vínculo social. Embora esteja inscrito como lei fundamental do nosso ser, é um apelo sempre novo: que a sociedade se oriente para a prossecução do bem comum e, a partir deste objetivo, reconstrua incessantemente a sua ordem política e social, o tecido das suas relações, o seu projeto humano. Com os seus gestos, o bom samaritano fez ver que "a existência de cada um de nós está ligada à dos outros: a vida não é tempo que passa, mas tempo de encontro" (FT 66).

Reconhecer todo ser humano como um irmão ou uma irmã e procurar uma amizade social que integre a todos não são meras utopias. Exigem a decisão e a capacidade de encontrar os percursos eficazes, que assegurem a sua real possibilidade. Todo e qualquer esforço nesta linha torna-se um exercício alto da caridade. Com efeito, um indivíduo pode ajudar uma pessoa necessitada, mas, quando se une a outros para gerar processos sociais de fraternidade e justiça para todos, entra no "campo da caridade mais ampla, a caridade política". Trata-se de avançar para uma ordem social e política, cuja alma seja a caridade social. Convido uma vez mais a revalorizar a política, que "é uma sublime vocação, é uma das formas mais preciosas de caridade, porque busca o bem comum" (FT 180).

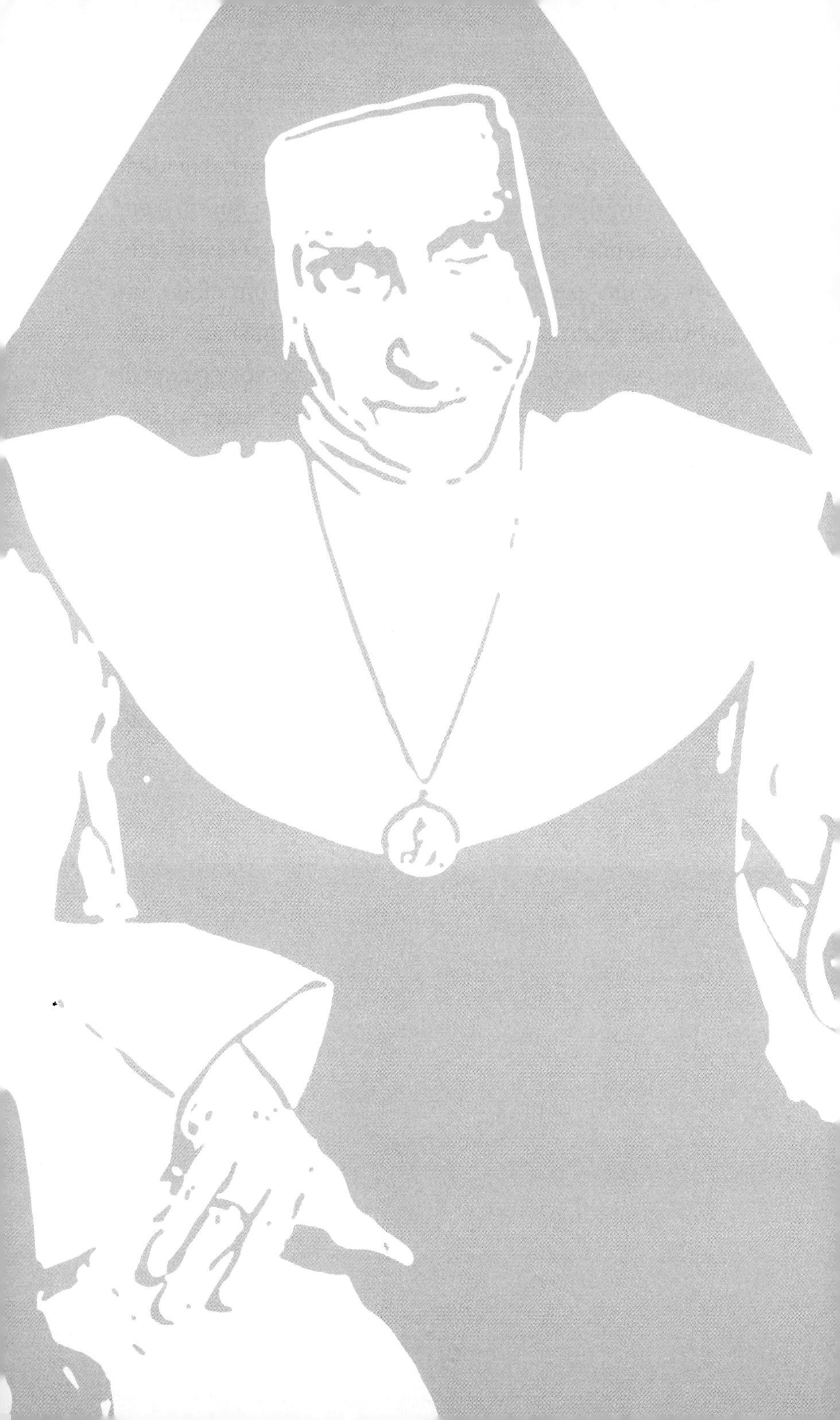

25

Amiga dos políticos, mas longe da política

Não há dúvida de que Irmã Dulce, sozinha, embora com toda boa vontade, não teria conseguido realizar o que realizou. Forte foi a sua fé em Deus providente, e ela soube acolher a luz do Espírito Santo. Os pobres, os doentes, tocaram o seu coração, e ela, por amor aos pobres, soube também tocar o coração dos ricos, dos poderosos. Contudo, não se envolveu nas armadilhas políticas, embora os políticos se servissem dela como "cartão de visita" aos visitantes de Salvador.

Apesar de tudo, Irmã Dulce conseguiu, com arte, viver no meio de todas as pessoas. Sabia que não se pode ajudar os pobres com palavras, não se pode acolher sem haver um espaço, nem cuidar sem hospital, médicos, enfermeiros, e tudo isso precisa de dinheiro, não de promessas. Quem ajuda os pobres foge das manifestações públicas e se esconde na humildade; não muda o estilo de vida, a maneira de ser, não tem necessidade de carros blindados, tampouco de viajar com um armário de hábitos para trocar a cada instante; e muito menos carrega relógios de luxo no braço, nem joias. Ao contrário, coloca em prática o que Jesus disse a seus discípulos, quando os enviava:

> Eis que vos envio como cordeiros para o meio de lobos. Não leveis bolsa, nem sacola, nem sandálias, e não vos demoreis para saudar ninguém pelo caminho! Em qualquer casa em que entrardes, dizei primeiro: "A paz esteja nesta casa!" Se ali morar um amigo da paz, a vossa paz repousará sobre ele; senão, ela retornará a vós. Permanecei naquela mesma casa; comei e bebei do que tiverem, porque o trabalhador tem direito a seu salário. Não passeis de casa em casa (Lc 10,3-7).

A força dos que fazem o bem vem de seu testemunho, de sua pobreza, de sua simplicidade.

Irmã Dulce tinha uma relação cordial com o governador da Bahia, Antônio Carlos Magalhães, mais conhecido como ACM, que por décadas foi o mandachuva da Bahia. Creio que não fossem verdadeiramente amigos, mas sim, como diz o ditado, viviam uma situação de "uma mão lava a outra". O governador precisava de Irmã Dulce para ganhar um bom punhado de votos, e Irmã Dulce precisava de Antônio Carlos Magalhães para cuidar de suas obras caritativas.

De acordo com essa aliança tácita, durante uma visita do presidente da República, João Batista Figueiredo, à Bahia, o governador Antônio Magalhães o convidou, com orgulho, para conhecer as obras assistenciais de Irmã Dulce e para mostrar como ela trabalhava em favor dos mais pobres. Irmã Dulce também não deixou passar a oportunidade e aproveitou para pedir verbas, um terreno e ajuda para que os pobres pudessem ter uma vida mais digna. Com isso, obteve auxílios substanciosos. No entanto, estava bem atenta a não se deixar envolver em "politicagem" e a manter-se no meio, nem a favor de um lado nem de outro, porque necessitava tanto dos políticos de direita quanto dos de esquerda.

Ela foi uma verdadeira "equilibrista", motivada somente pela caridade, pelo amor, que, para ser concreto e se realizar, precisa de orações e de dinheiro. Conta-se que Santa Teresa d'Ávila costumava dizer: "Teresa, sozinha, não vale nada. Teresa e alguns centavos, valem pouco. Teresa, Deus e uns centavos, valem muito". E assim foi também para Irmã Dulce.

Vivemos tempos em que temos medo dos políticos e os políticos têm medo da Igreja. É preciso descobrir como a verdadeira política nasce das virtudes teologais e a verdadeira ação pastoral nasce de um trabalho de comunhão, sem se deixar corromper nem por um lado nem por outro. Irmã Dulce era uma mulher livre, que vivia a liberdade do amor, e sempre feliz.

Sim, irmãos, fostes chamados para a liberdade. Porém, não façais da liberdade um pretexto para servirdes à carne. Pelo contrário, fazei-vos servos uns dos outros, pelo amor. Pois toda a lei se resume neste único mandamento: "Amarás o teu próximo como a ti mesmo" (Gl 5,13-14).

26

Os santos não sentem inveja

A inveja é como um cupim bem perigoso que corrói os corações, a vida, e nos faz ver o que não existe. Nas cartas que conservamos de Irmã Dulce, não encontramos nem o mínimo rastro de inveja por aquilo que os outros faziam de bem. Aliás, ela sabia animar a todos, encorajar, para que se fizesse o bem e se ajudasse a quem sofria. O bem, venha de onde vier, é sempre bem; e o mal é sempre mal.

O cardeal de Salvador à época, dom Eugênio Sales, tinha grande estima por Irmã Dulce, e demonstrara isso em várias circunstâncias, como no esforço que fez para que ela pudesse voltar a viver, com tranquilidade, sua vida religiosa na Congregação das Irmãs de Maria Imaculada, o que, graças a seu tato, conseguiu realizar.

Ele, porém, tendo em vista o bem do povo, percebeu que Irmã Dulce – embora reconhecesse o trabalho fantástico dela – não podia chegar a todos os bolsões de sofrimento baianos. Convenceu-a, então, de que era necessária a presença de outras Irmãs para auxiliá-la nesse trabalho. E quem melhor que as "filhas" de Teresa de Calcutá, a freira conhecida no mundo inteiro e candidata ao prêmio Nobel da Paz, para realizar tal missão?

Portanto, com coragem e simplicidade, dom Eugênio convidou a própria Teresa de Calcutá para visitar Salvador, a fim de avaliar a possibilidade de estabelecer uma casa de assistência dela, ali, no bairro dos Afogados, ou em outros bairros que concentrassem mais pobres e doentes.

Sendo assim, no mês de julho de 1979, Teresa de Calcutá visitou Salvador. É possível imaginar o encontro marcante entre essas duas mulheres apaixonadas por Deus e pelos pobres!

Disse me disse...

A visita de Madre Teresa de Calcutá a Salvador, com o intuito de que abrisse uma casa de acolhida para os pobres de áreas periféricas dali, causou um "bafafá" entre os amigos de Irmã Dulce, tanto os verdadeiros quanto os falsos, que questionavam a atitude do cardeal dom Eugênio. "Como o cardeal ousava dar um terreno a Madre Teresa e ofertas para construir um espaço para acolher os pobres, quando ele tinha, na sua arquidiocese, uma freira que era mais importante que Madre Teresa de Calcutá?" Essas críticas pipocavam nos jornais, nas rádios, e feriram bastante o coração do cardeal dom Eugênio. Quem ficou fora disso tudo foi a própria Irmã Dulce.

Houve um encontro entre elas que durou, segundo dizem, mais de duas horas. O que falaram permanece em segredo. Parece que a própria Irmã Dulce, percebendo sua fragilidade e o avançar dos anos, teria oferecido a Madre Teresa assumir as suas obras assistenciais. Oferta que não teria sido aceita, porque Madre Teresa tinha como fim em sua Congregação acolher, e não ter estruturas hospitalares nem lidar com dinheiro.

O que é certo, porém, é que no coração de ambas ardia a mesma chama do amor a Deus e aos pobres, e o bem não se faz subtraindo, mas somando. Elas sabiam que, por caminhos diferentes, realizavam, na terra, o Reino de Deus. Madre Teresa teve papel de destaque internacional como representante da Igreja, e desenvolveu uma amizade muito forte com chefes de Estado e com os papas, principalmente com o papa São João Paulo II. Foi uma luz nas trevas do egoísmo. Irmã Dulce, a quem nunca chamaram de "madre", por sua vez, foi "fermento na massa brasileira", e, mesmo sem projeção internacional nem fortes amizades, tornou-se modelo de que se pode realizar muitas coisas a partir do lugar social onde o Senhor nos coloca.

Não é possível fazer comparações para saber quem seja a maior: Teresa de Calcutá ou Irmã Dulce? Quem mais serve é maior no Reino dos céus, e as duas são santas, porque amaram a Deus e aos pobres; as duas têm um testemunho espiritual para a humanidade. Não se pode ser "feliz sozinho"; é preciso partilhar o que temos e o que somos com os mais necessitados.

Com certeza, nem Madre Teresa de Calcutá invejou o trabalho de Irmã Dulce em Salvador, nem Irmã Dulce teve inveja do que fazia sua Irmã Teresa no mundo inteiro. As duas geraram, à própria maneira, a cultura da vida e disseram "não" à cultura da morte. Hoje em dia, parece que a cultura da vida perdeu seu valor e vemos ao nosso redor a cultura da morte, que avança, com abortos, suicídios assistidos, eutanásias, guerras que são autênticas carnificinas, e com uma corrente de ódio contra os seres humanos. Precisamos descobrir, como a Igreja tem repetido várias vezes, como defender a vida, desde o seu despontar no seio materno, até quando o Senhor nos chamar de volta para a casa de onde viemos.

Teresa de Calcutá e Dulce da Bahia foram duas Irmãs unidas na luta contra a morte e a desigualdade, e que, para ajudar os mais desfavorecidos, não se envergonharam de pedir ajuda. As suas casas de assistência estão abertas a todos e suas obras vão continuar enquanto houver pobres sobre a terra.

27

Continue, Irmã, continue!

Em 1980, pela primeira vez um papa visitou o Brasil. Foi uma autêntica maratona para João Paulo II, que ainda guardava o vigor de sua vida de jovem atleta. Ele sabia arrebatar as multidões, e todos nos sentimos felizes ao vê-lo, mesmo de longe, ainda que alguns tentassem, de todos os meios, abraçá-lo. Recordo que, eu mesmo, quando ele foi ao estádio do Morumbi, em São Paulo, para um encontro com religiosos, seminaristas, tentei de abraçá-lo, mas não consegui, porque um guarda me pegou pelo colarinho e me devolveu ao meu lugar.

Na ocasião, o cardeal dom Avelar Brandão Vilela tinha preparado um roteiro para o papa São João Paulo II, mas que não incluía a visita às obras sociais de Irmã Dulce. Talvez as feridas da imaginada controvérsia entre Teresa de Calcutá e Irmã Dulce ainda não estivessem totalmente cicatrizadas. Aliás, o cardeal nem incluíra Irmã Dulce no comitê de recepção do papa no aeroporto. Ela sentiu muito isso, mas resolveu ir de qualquer jeito. Recorreu ao "padrinho" general Geisel, que arrumou tudo para que Irmã Dulce estivesse na primeira fila para receber o papa.

O cardeal não pôde dizer nada, e não sabemos se ficou triste ou alegre com isso. É interessante como Irmã Dulce, quando uma porta se fechava, encontrava outra para alcançar seus objetivos.

Os discursos do papa na Bahia foram motivados por prudência, para não provocar a susceptibilidade dos militares, e ao mesmo tempo por uma abertura de novos horizontes para o respeito aos direitos humanos, pela construção de uma sociedade baseada sobre a "civilização do amor"; frase amada pelo papa São João Paulo II.

E, embora não ardesse no coração do cardeal a chama de amor por Irmã Dulce, ele não podia excluí-la de receber uma bênção especial do papa durante a cerimônia. Então, quando os microfones anunciaram o nome dela, houve o grito típico brasileiro: "Ela merece! Ela merece...". Esse grito forte, com milhares de pessoas unidas, impressionou a todos, especialmente ao papa, que sabia do trabalho que aquela freirinha frágil e doente, mas com um amor imenso por Jesus presente nos pobres, podia fazer por eles. O papa a abraçou e lhe deu de presente um terço, para que pudesse continuar, em nome da Igreja, aquele trabalho tão necessário. E ainda declarou em relação aos pobres: "Não digam 'Deus quer a pobreza'; é preciso superar, vencer a pobreza, para construirmos, juntos, uma sociedade melhor". Era um recado direto aos políticos e à própria estrutura da Igreja, para que ajudassem os necessitados a sair da miséria.

Houve um tempo também em que os militares foram investigar o trabalho de Irmã Dulce, para ver se ela fomentava jogos revolucionários ou escondia comunistas, além do diretor do hospital Santo Antônio. Entretanto, sempre saía não somente ilesa, mas também com elogios de que era uma grande benfeitora dos pobres e fazia um bem imenso.

Irmã Dulce tinha uma marca profunda no coração: era humilde, e sabia que só pela humildade e pela oração se consegue fazer coisas grandes. Ela entendia qual era o seu lugar: não na vitrine, mas sim no trabalho humilde de animar, consolar e ajudar. Sempre com seu avental sobre o hábito religioso, pronta a servir a quem aparecesse diante dela.

Quando o papa São João Paulo II deixou Salvador rumo a Recife, Irmã Dulce estava no aeroporto para dar um último abraço no papa "gigante". E, sobre a freira miudinha, ele teria dito, segundo o relato dela mesma: "Continue, Irmã, continue!". E ela continuou, mesmo com a saúde sempre mais fragilizada, com sua via-crúcis de saúde, guiada pelo amor, e sempre com a mente e o coração voltados para os que não têm ninguém, a não ser Deus e os que amam os pobres em Deus.

Para Irmã Dulce, assim como para o papa São João Paulo II e para Teresa de Calcutá, era bem claro que Deus "não quer nem a pobreza nem o sofrimento", mas sim que o ser humano possa ter uma vida digna de trabalho, moradia, escola, pão... Não uma vida que silenciosamente e, debaixo do tapete, continua a manter o espírito de escravidão.

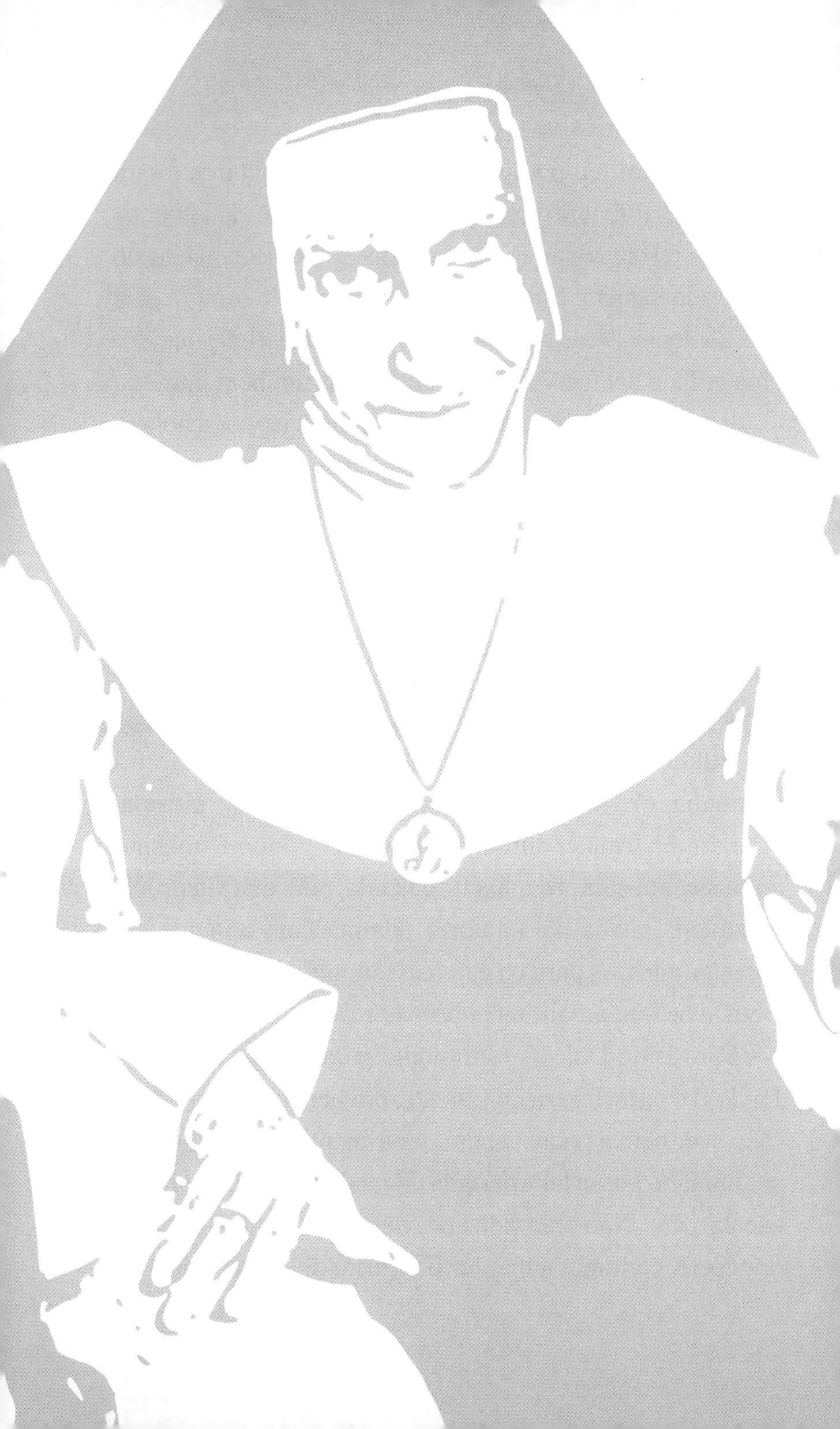

28

Semear a esperança

Quem sabe quantas vezes Irmã Dulce teria refletido sobre o futuro das obras assistenciais que levavam seu nome, e o que seria delas depois de sua morte? Quem cuidaria dos doentes e das crianças do orfanato? E, os bairros periféricos, onde viviam os pobres resultantes da injustiça social, encontrariam alguém para cuidar deles? Se o hospital Santo Antônio ocupava o seu coração, não amava menos o orfanato Santo Antônio, no bairro Simão, "filho" que ficava distante de Salvador cerca de 20 km e que ela visitava amiúde, até quase todos os dias. Lá estava o seu coração de mãe, de educadora, que sabia corrigir, orientar e, sobretudo, amar. Era contrária a punições físicas, preferindo dialogar com as crianças. À sua chegada, todas elas corriam em sua direção e a chamavam de mãe.

Pedro começou a dizer-lhe: "Olha, nós deixamos tudo e te seguimos". Jesus respondeu: "Em verdade vos digo: todo aquele que deixa casa, irmãos, irmãs, mãe, pai, filhos e campos, por causa de mim e do evangelho, recebe cem vezes mais agora, durante esta vida – casas, irmãos, irmãs, mães, filhos e campos, com perseguições –, e no mundo futuro, vida eterna. Muitos, porém, que são primeiros, serão últimos; e muitos que são últimos serão primeiros" (Mc 10,28-31).

Se Irmã Dulce doava todo o seu afeto e toda a sua atenção para as crianças do orfanato e para os doentes, recebia em troca também afeto, atenção e carinho. Jesus é fiel às suas promessas.

Por todo o seu zelo, Irmã Dulce sentiu necessidade de criar um grupo ao seu redor, uma associação, que pudesse continuar a sua obra depois de sua morte. Esse fato criou novas dificuldades com suas Irmãs de hábito da Congregação, que viram nisso como uma tentativa de dar vida a uma nova comunidade religiosa. Na verdade, ela não tinha esse pensamento. Semeou, então, um grãozinho de mostarda no campo fértil da sensibilidade pelos pobres e teve a aprovação do cardeal para criar tal associação, que se chamou: "Filhas de Maria Servas dos Pobres".

Os meios de comunicação brasileiro começaram a se interessar pelo fenômeno "Irmã Dulce", e isso favoreceu também a associação. Muitas jovens vieram para fazer parte do grupo e trabalhar livre e gratuitamente para servir os pobres.

Irmã Dulce, especialmente, usou como pedagogia escolher pessoas que sabiam ler o coração das crianças do orfanato, as quais precisavam encontrar um amor materno que muitas nunca tinham experimentado. As Filhas de Maria Servas dos Pobres deveriam trabalhar mais no orfanato que no hospital.

Esse grupo de jovens, desejosas de continuar o serviço aos pobres, acolhendo e ajudando a cuidar dos mais necessitados, cresceu e atualmente continua essa obra nascida no coração de Santa Dulce dos Pobres. É o grão de mostarda que criou raízes no terreno fértil do Evangelho e que deu frutos, e continuará dando. Assim nasceu a Congregação das Irmãs Filhas de Maria Servas dos Pobres, que levam à frente o trabalho iniciado por Santa Dulce, que só assim pôde ter continuidade.

Os santos não fazem o bem para si mesmos, mas para os outros, e o que mais querem é descentralizar o trabalho e dar-lhes continuidade, para que os pobres sejam sempre atendidos com amor.

Ela sempre dizia: "Não se esqueça de fazer sempre propaganda para arranjar mais candidatas!". Eis um conselho certeiro para a promoção vocacional...

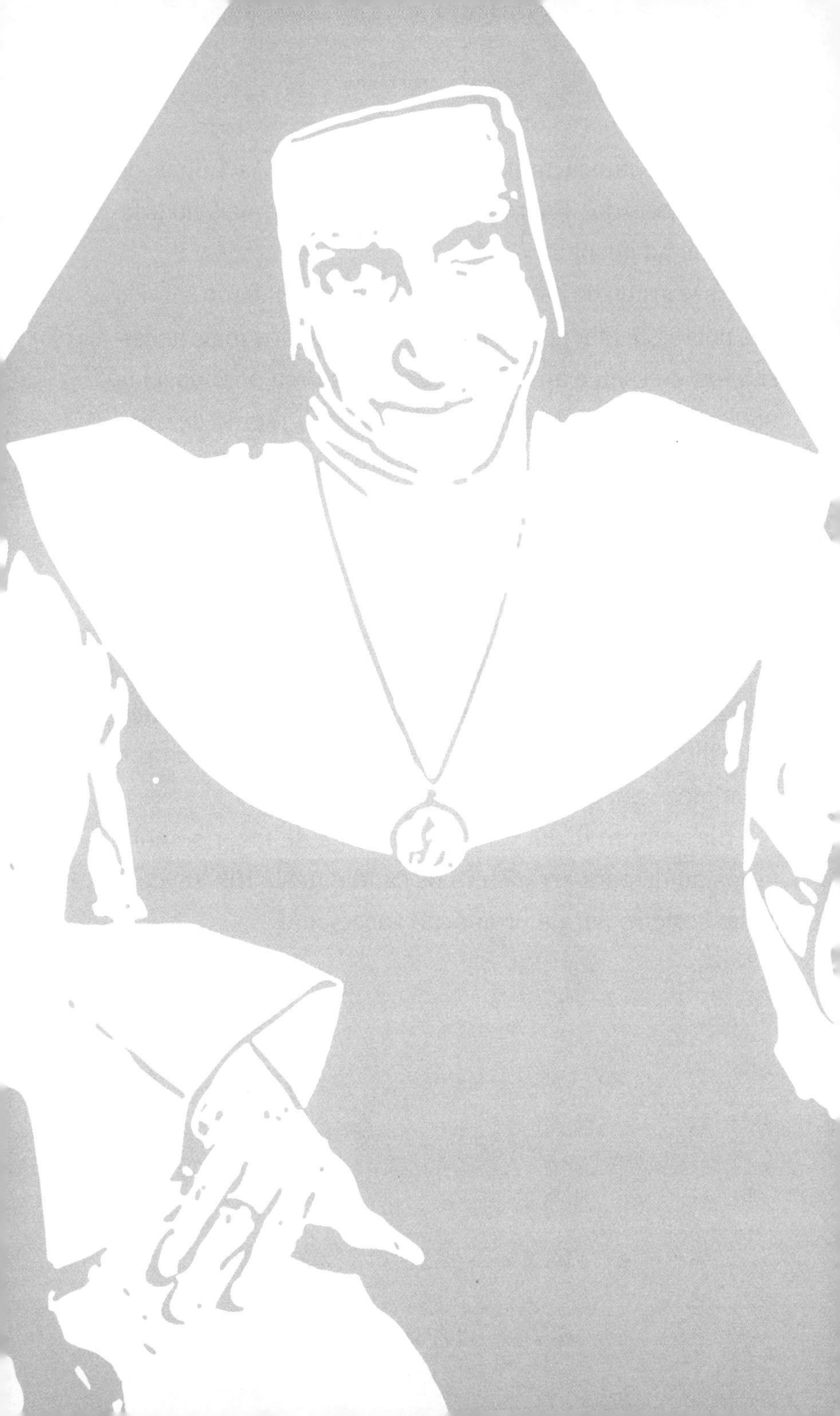

29

Os *fioretti* de Santa Dulce

Há livros dos quais não esquecemos. Nós os lemos sempre, com amor, e os guardamos no coração, para os momentos tristes da vida ou quando tudo parece desabar debaixo dos nossos pés. Como não reler com alegria o *Pequeno Príncipe*, *O menino do dedo verde*, os *fioretti de São Francisco de Assis*?

Na vida de cada um que faz o bem, há fatos que somente carregam esperança na vida e alegria, como os retratados nos livros sobre Irmã Dulce, especialmente o de Graciliano Rocha, *Irmã Dulce, a santa dos pobres*, o qual recomendo por trazer, espalhados pelas páginas, pequenos acontecimentos que dão cor à vida aparentemente monótona de Irmã Dulce, que só conhecia o caminho do convento ao hospital Santo Antônio e, daí, à Casa dos Meninos, para voltar, cansada, mas feliz, depois de um dia atribulado, à oração do terço e aos afazeres domésticos, junto das Irmãs da Congregação. Trago, a seguir, alguns desses acontecimentos, vividos com ilustres personagens.

Paulo Coelho

Este grande escritor brasileiro, um dos mais lidos no mundo atual e que possui um estilo fácil e, ao mesmo tempo, envolvente, não teve uma vida tranquila e sem dificuldades. Foi internado em uma casa psiquiátrica pelo pai e fugiu com um colega para a Bahia, sem dinheiro e sem vontade de voltar para casa. Quando a fome bateu, soube que havia uma Irmã, chamada Dulce, que poderia ajudá-lo. Correu até lá, e ela o acolheu sem perguntar nada e o ajudou a voltar para casa, dando-lhe uma passagem. Esse fato marcou a vida do escritor, que se tornou um dos maiores benfeitores das obras de Irmã Dulce.

João Batista Figueiredo

Quando o presidente João Figueiredo visitou Salvador, teve a oportunidade de se encontrar com Irmã Dulce, que não perdeu tempo em pedir-lhe dinheiro para ampliar suas obras sociais e assim acolher mais doentes e pobres. O presidente a ajudaria, mas também diria, com ironia: "A senhora quer que eu vá assaltar um banco para ajudá-la?", ao que Irmã Dulce respondeu: "Quando for assaltar o banco, me avise, que eu vou também".

Tudo foi consagrado por uma gargalhada, e Irmã ganhou a ajuda.

Ernesto Geisel

Na visita do papa São João Paulo II a Salvador, Irmã Dulce não havia sido convidada para recepcioná-lo no aeroporto. Ela ficou triste, mas deu a volta por cima e pediu ao seu "padrinho", que era o próprio presidente Geisel, que pudesse estar lá, e tudo foi arrumado. Ela sentou-se na primeira fila e foi escoltada por militares, que lhe abriram caminho. Coisas que santos teimosos sabem fazer.

José Sarney

O presidente Sarney se tornou amigo e devoto de Irmã Dulce a ponto de ajudá-la em tudo de que necessitasse. Aliás, mais que isso, deu-lhe seu número de telefone particular, para que, em todos os apertos, ela mesma, sem esperar, pudesse falar com ele. E tudo o que pedia, recebia com alegria.

Os banqueiros

A inspiração para iniciar uma obra em benefício dos pobres é obra do Espírito Santo. Contudo, para manter essas obras, é preciso dinheiro, e muito dinheiro. Coisa que os pobres não têm e, por isso, necessitam da ajuda dos ricos. E Irmã Dulce sabia como tocar o coração também dos poderosos, como o de Norberto Odebrecht ou de Ângelo Calmon, dono do Banco Econômico, a quem recorria nas horas difíceis:

> Estimado irmão doutor Ângelo,
> Esta é uma carta-testamento. Entrego às suas mãos generosas e ao seu bondoso coração os nossos doentes, os nossos pobres, as nossas crianças. [...]
> Peço sempre a Deus que Ele coloque no coração de quem vai me substituir o mesmo amor que tenho aos pobres. Sem isso, vai ser difícil levar o trabalho para frente. Neste serviço de Deus e dos pobres, chega-se a um ponto em que não se vive mais a própria vida e, sim, a vida deles; a gente se esquece de si para viver só para Deus e para eles.
> Querido irmão, na idade em que me encontro (70 anos), outra coisa não me espera senão o chamado de Deus, a morte. E, antes que isso ocorra, estou entregando tudo ao senhor, o nosso trabalho, confiante de que fará tudo para manter o espírito da Obra.
> Não permita que o nosso hospital se transforme em hospital do INPS ou de outra autarquia. Que o Santo Antônio seja sempre para o indigente, o necessitado. Faça tudo, eu lhe peço, para que a nossa porta, esteja sempre aberta para os doentes, os pobres, as crianças. Sei que o senhor envidará todos os esforços para que não falte nada aos que estão confiados aos nossos cuidados.

O mais difícil vai ser conseguir pessoas capazes para este trabalho.

Não desanime, do Céu olharei sempre e rezarei para meu irmão [...]¹.

Crer na providência e não nos bancos

Conta-se que várias vezes foi feita a proposta a Irmã Dulce para que o hospital e o orfanato assistidos por ela fossem inscritos no departamento social subvencionado pelo Estado. Ela sempre recusou, porque tinha medo de que esses recursos vinculariam suas obras ao poder estatal, e aí não seria mais possível ajudar os pobres e todos os que batessem à porta em busca de auxílio. Quem confia na providência de Deus, necessita de liberdade e não deve desanimar nem se deixar amarrar às estruturas, que, cedo ou tarde, acabam tomando conta de tudo e impedindo de se praticar o bem. Burocracia não era o forte de Irmã Dulce.

Uma chama que lentamente vai se apagando

O coração do amor batia a mil por hora no frágil peito de Irmã Dulce, mas o coração físico estava se apagando lentamente. A doença nos pulmões causava-lhe falta de

---

1. ROCHA, *Irmã Dulce, a santa dos pobres*, 239.

ar, e ela quase não ia mais visitar suas obras, falar com os pobres, pois não tinha mais fôlego.

Já no fim de sua vida, voltaram as ideias para que ela assinasse um contrato com os Camilianos, a fim de assumirem o hospital Santo Antônio, mas, no último momento, ela não se sentiu segura e pediu trinta dias para pensar e avaliar se seu hospital teria condições de abrigar todos os doentes e pobres, ou se tornaria particular, só... para os ricos.

A parceria entre os Camilianos e Irmã Dulce

Por fim, Irmã Dulce assinou contrato com os Camilianos, para que a sua obra continuasse a ser evangelizadora, em favor dos últimos. Fez tudo em segredo, não falou com ninguém, e foi o último ato de Irmã Dulce. Depois, ela subiu ao seu calvário com a sua cruz, por um longo caminho de sofrimento, mas tudo aceito por amor a Jesus, seu único amor, e pelos pobres, em quem ela sempre viu não uma "mercadoria", mas sim pessoas que devem ser amadas e ajudadas a vencer a miséria e a pobreza.

30

A longa e definitiva noite escura

Uma longa noite escura, noite do corpo, noite da alma, que começou em 1990, quando a saúde de Irmã Dulce começou a fraquejar. Foram necessários internamentos e cirurgias, que terminaram no dia 13 de março de 1992, às 16h45, quando deu o último suspiro, e o médico assinou o atestado de morte dessa corajosa profetisa, que soube emprestar sua voz e sua vida aos que não tinham nem mesmo voz e vida. Ela viveu uma história feita de amor. E, como diria Santa Teresinha: "Nas asas do amor não corro, mas voo".

Não conheço santo ou santa que, em certo momento da vida, não tenha sido provado no fogo purificador do sofrimento físico ou espiritual, que não é punição de Deus, mas amor, para que o ser humano, purificado de todas as escórias, possa brilhar sempre mais diante de Deus e dos homens. "Para que os homens, vendo as vossas obras boas, glorifiquem o vosso Pai que está nos céus" (Mt 5,16).

Irmã Dulce foi passando por desertos humanos de incompreensão, de luta diária para manter "seus" pobres. Não esperava que eles fossem buscá-la, mas ela mesma buscá-los, lá onde se escondiam, sem medo, sem ter cuidado para não se contagiar com alguma doença. Portanto, um corpo colocado sob esforço constante de oração, mortificação, não podia durar muito tempo...

Quando a doença chegou, ela tentou não se amedrontar, nem deixar de cuidar, exigindo e fazendo de tudo para tratar bem de todos os doentes, mas a verdade é que de si mesma se descuidava e não dava importância a nada.

Foi acomodada em um pequeno quartinho do convento, ao lado dos seus amados doentes. Por ela mesma, não teria ido aos hospitais públicos, mas teria se tratado no próprio hospital; afinal, lá tinha confiança tanto nos médicos como nos enfermeiros e voluntários.

Quando era jovem ia aonde queria...

> Em verdade, em verdade, te digo: quando eras jovem, tu mesmo amarravas teu cinto e andavas por onde querias; quando, porém, fores velho, estenderás as mãos, e outro te amarrará pela cintura e te levará para onde não queres ir" (Disse isso para dar a entender com que morte Pedro iria glorificar a Deus.) E acrescentou: "Segue-me" (Jo 21,18-19).

Durante a sua doença, Irmã Dulce teve a alegria, mesmo que não percebesse toda a importância disso, de receber a visita do papa São João Paulo II, acompanhado pelo então cardeal dom Moreira Neves. Ele voltava ao Brasil dez anos depois da primeira visita e estava visitando Salvador. Ela nem se deu conta de um momento tão importante, quando o papa rezou por ela e colocou em suas mãos um terço... Dizem que então percebeu, mas não sabemos ao certo. Sem dúvida, essa visita manifesta quanto amor o papa tinha por aquela que se doava sem reservas ao trabalho de tirar os pobres da miséria, a fim de que tivessem uma vida digna, com tudo o que esta palavra comporta: saúde, moradia, cultura, trabalho, lazer etc.

Também durante a sua doença, ela recebeu a visita do ex-presidente José Sarney, seu amigo. Ele foi visitar a sua amiga, a sua protetora. Ele carregava sempre consigo a medalha milagrosa e tinha certeza de que ela rezaria por ele. O presidente se ajoelhou aos pés da cama, em silêncio, rezou e depois beijou os pés de sua querida Irmã Dulce.

Excesso terapêutico

Nos últimos tempos da vida de Irmã Dulce, nota-se por parte das pessoas que estavam perto dela um sentimento de amor, mas também de medo que ela morresse de um momento para outro. E, para que isso não acontecesse, houve "excesso terapêutico" para que ela continuasse vivendo de qualquer modo, mesmo já em estado vegetativo, sem consciência da sua situação. A vida, é claro, deve ser defendida, como diz a Igreja, desde o seu despontar até o pôr do sol, mas de forma inteligente e cheia de ternura. Não devemos nos fechar ao momento da morte, mas sim deixar que ela chegue e nos leve como e quando quiser.

Não à eutanásia. Não ao suicídio assistido. Mas também não a manter viva uma pessoa que não tem mais esperança nenhuma de recuperação. Podemos dizer que Irmã Dulce teve uma agonia prolongada, dolorosa, e, embora ela aceitasse tudo, penso que não tinha mais força de querer ou não querer.

Viver na noite não é nada agradável, porém é necessário atravessar o deserto para entrar na terra prometida. É necessário atravessar a noite para ver o novo dia nascer.

Sem dúvida, Irmã Dulce, ao longo da vida, nunca leu São João da Cruz, mas viveu o que ele relata em um dos seus escritos: "a noite escura"; por meio dela, Deus vai purificando e vai polindo, como a uma pedra preciosa, a alma, para que possa ser digna de contemplar o rosto do seu Senhor. Para Irmã Dulce, foi uma noite de duro sofrimento, mas, ao mesmo tempo, ao redor dela havia um clima de amor e de afeto. Todos os parentes, médicos, enfermeiros e voluntários que trabalhavam nas obras nascidas do coração terno e amoroso de Irmã Dulce, participaram do seu sofrimento, enquanto resistia a dizer adeus à terra. Parecia que um amor grande a mantinha ainda ligada ao corpo, como para dar as últimas recomendações aos que deveriam continuar a sua obra: amar os pobres, gratuitamente, e fazer o bem, sempre, a todos.

31

Vox populi vox Dei

"Os santos não morrem", diz João da Cruz. Eles se arrebentam por dentro de tanto amor que arde nos seus corações. Assim, Irmã Dulce, uma vez apagado o último sopro da vida humana, voou aos braços de Deus, e na porta do Paraíso estavam todos os pobres de que tinha cuidado, para fazê-la entrar triunfante.

Afinal, cheguei à mesma conclusão de Irmã Dulce: é fácil entrar no Paraíso, é só fazer o bem a todos os que encontrarmos e que são a mesma pessoa de Cristo Jesus, coberto de carne humana pobre, doente, sem moradia, sem nada.

"Eu sou", diz Jesus, "o pão da vida, o bom pastor, a luz, o caminho, a vida, a verdade...". E é ele mesmo quem revela: "'Eu tive fome e sede e vocês me deram de comer... me vestiram', e, diante dessas palavras, os justos se perguntarão: 'Quando, Senhor, te vimos com fome, nu, prisioneiro e te ajudamos?'. 'Quando fizeram isso ao menor dos meus Irmãos, foi a mim mesmo que fizeram...'".

A morte de Irmã Dulce foi anunciada em todos os meios de comunicação, e o povo de perto e de longe se colocou a caminho para dar-lhe a última saudação, um último abraço de gratidão e de afeto àquela que por mais de quarenta anos tinha sido mãe, protetora, defensora dos pobres. Ela não fazia distinção, sabia tratar todos com amor e dignidade. Conta-se que um dia ela estava recebendo no seu humilde escritório uma pessoa importante, e em certo momento ela pediu desculpa e disse: "Devo atender agora uma pessoa muito importante". E deixou o amigo ali sozinho, que fora ali para fazer uma doação. Ele ficou sem entender. Quando a Irmã voltou, ela explicou: "Fui atender uma mulher pobre que precisava de mim. Ela é muito importante para mim, porque representa Jesus".

Pequenos e grandes milagres começaram a acontecer após sua morte. As memórias físicas são obras que envelhecem, mas sua memória espiritual que não pode envelhecer é o seu amor, que, cuidado, se transforma em árvore que dá bons frutos. Uma planta se reconhece pelos frutos que dá.

> Assim, toda árvore boa produz frutos bons, e toda árvore má produz frutos maus. Uma árvore boa não pode dar frutos maus, nem uma árvore má dar frutos bons. Toda árvore que não dá bons frutos é cortada e lançada ao fogo. Portanto, pelos seus frutos os conhecereis (Mt 7,17-20).

13 de março de 1997

Roberto Carlos, o famoso cantor brasileiro, em 1997, cinco anos depois da morte de Irmã Dulce, declarou ao depositar uma flor sobre o túmulo dela: "Irmã Dulce é uma santa, pelo bem que fez aos mais pobres e necessitados...". A esse pensamento, outros se uniram, até que, enfim, a Igreja de Salvador abriu o processo de canonização dela; um caminho exigido pela própria Igreja para que alguém possa ser proclamado santo. Um caminho longo de escuta de testemunhas, de pessoas que conheceram o candidato, que o estimaram e que não o estimaram. É um verdadeiro processo, no qual se vai descobrindo a realidade. E depois desse longo trabalho, todo o material é enviado a Roma, à Congregação dos Santos, para ser examinado. Então, se tudo estiver certo, espera-se que aconteçam milagres pela intercessão desse servo de Deus. Esse é, em poucas palavras, o caminho que a Igreja segue.

Milagre é normalmente um acontecimento físico, inexplicável pela ciência, pois, se a ciência pudesse explicá-lo, não seria necessária a intervenção de Deus.

E para Irmã Dulce o caminho foi relativamente fácil. Havia poucos escritos para examinar, nenhum dom místico, nenhuma visão, uma vida simples, marcada por atos de caridade; uma vida cotidiana feita com heroísmo e amor.

Santa Teresinha nos apresentou a pequena via do abandono e da confiança. Irmã Dulce nos apresentou o caminho sempre antigo e sempre novo do amor ao próximo... O caminho que todos podemos trilhar: fazer o bem a todos, sem distinção de pessoas. Ao doente, ao faminto, aos sem abrigo, não se pode nem se deve perguntar de onde vêm nem a qual religião pertencem... Ajuda-se, e basta!

O melhor retrato que podemos ter de Irmã Dulce é a parábola do bom samaritano. Ela foi a boa samaritana...

> Um doutor da Lei se levantou e, querendo experimentar Jesus, perguntou: "Mestre, que devo fazer para herdar a vida eterna?" Jesus lhe disse: "Que está escrito na Lei? Como lês?" Ele respondeu: "Amarás o Senhor, teu Deus, de todo o teu coração e com toda a tua alma, com toda a tua força e com todo o teu entendimento; e teu próximo como a ti mesmo!" Jesus lhe disse: "Respondeste corretamente. Faze isso e viverás". Ele, porém, querendo justificar-se, disse a Jesus: "E quem é o meu próximo?" Jesus retomou: "Certo homem descia de Jerusalém para Jericó e caiu nas mãos de assaltantes. Estes arrancaram-lhe tudo, espancaram-no e foram-se embora, deixando-o quase morto. Por acaso, um sacerdote estava passando por aquele caminho. Quando viu o homem, seguiu adiante, pelo outro lado. O mesmo aconteceu com um levita: chegou ao lugar, viu o homem e seguiu

adiante, pelo outro lado. Mas um samaritano, que estava viajando, chegou perto dele, viu, e moveu-se de compaixão. Aproximou-se dele e tratou-lhe as feridas, derramando nelas óleo e vinho. Depois colocou-o em seu próprio animal e o levou a uma pensão, onde cuidou dele. No dia seguinte, pegou dois denários e entregou-os ao dono da pensão, recomendando: 'Toma conta dele! Quando eu voltar, pagarei o que tiveres gasto a mais'. Na tua opinião – perguntou Jesus –, qual dos três foi o próximo do homem que caiu nas mãos dos assaltantes?" Ele respondeu: "Aquele que usou de misericórdia para com ele". Então Jesus lhe disse: "Vai e faze tu a mesma coisa" (Lc 10,25-37).

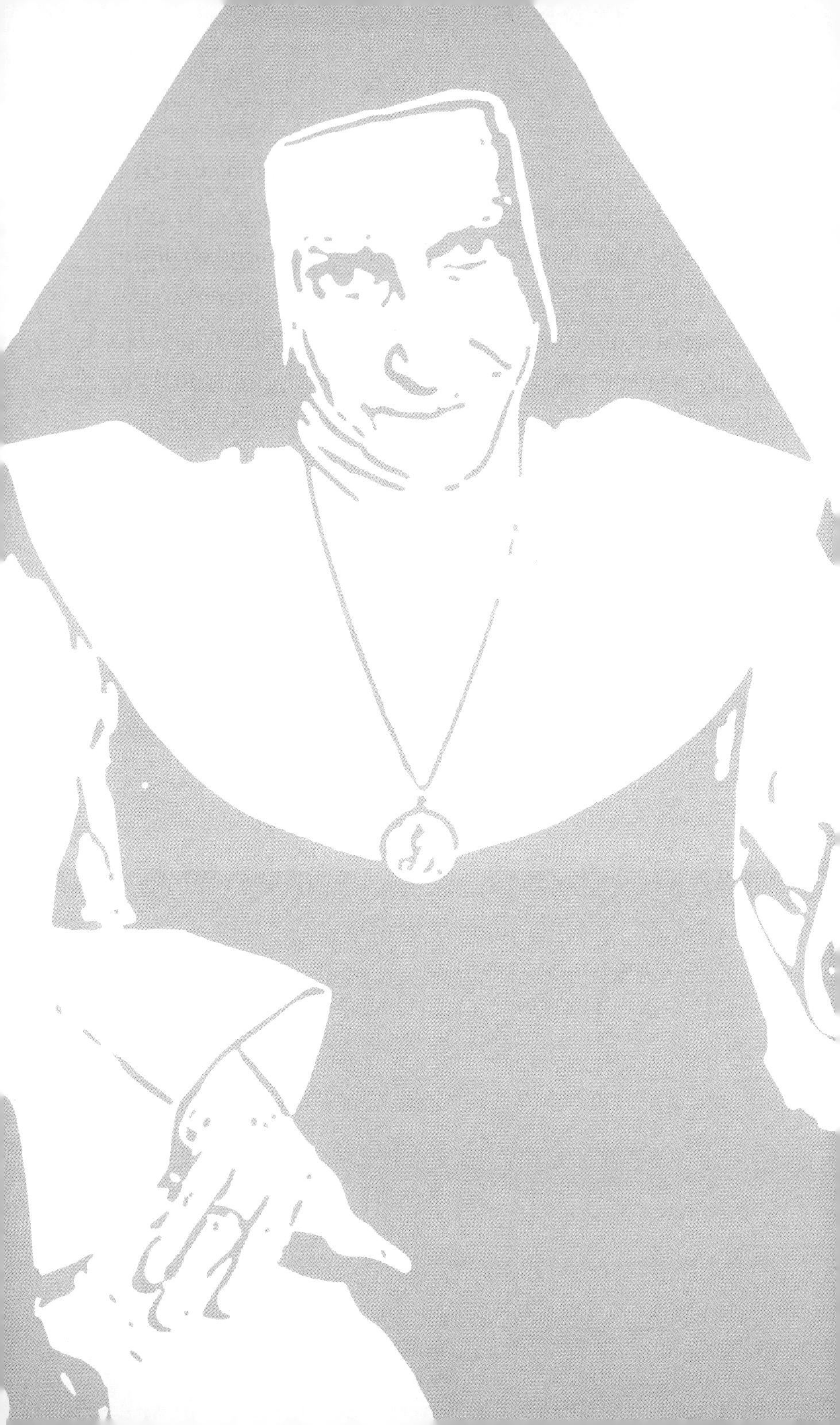

32

"Vai e faz o mesmo"

No fim deste caminho pela vida de Irmã Dulce, os que buscam por coisas grandiosas ficam decepcionados. Foi uma vida simples, feita de atos corriqueiros, movida por um amor imenso a Deus, que se faz amor ao próximo. Olhos contemplativos que sabem ver a presença de Jesus na sua palavra, na Eucaristia e na Eucaristia viva, que são os pobres. Uma mulher convertida por um menino que grita: "Irmã, não me deixe morrer na rua!". Uma mulher firme, corajosa, que invade casas abandonadas, resiste a intimidações dos políticos e os conquista para sua causa. O importante é iniciar a caminhada com os pobres e ajudá-los, assim como Jesus, à beira do mar da Galileia, começou a chamar seus discípulos.

Irmã Dulce iniciou sua obra em um galinheiro, que lentamente cresceu e se tornou abrigo, hospital, onde os pobres sabiam que não seriam rejeitados, mas amados. Sentia-se mãe e fundadora, sabia que, para sua obra continuar, necessitava de filhas e filhos que também acreditassem nela. A Igreja-mãe vê, silencia, aprova e depois dá o seu apoio. É uma tática eclesiológica de prudência e de medo. No entanto, Irmã Dulce encontrou no seu caminho pessoas que a ajudaram e a sustentaram, acreditaram nela.

Ela, do céu, nos diz, como Jesus na parábola do bom samaritano: "Vai e faz o mesmo..." (Lc 10,37).

Oração

Senhor, nós te agradecemos por ter suscitado no meio do povo brasileiro Santa Dulce, protetora dos pobres, coração de mãe, sempre aberto para acolher a todos.

Uma santa que escreveu um único livro, o da caridade, vivida nas obras de amor, e que com sua vida nos ensina a falar menos e fazer mais.

Ela, boa samaritana, nos ensine a nunca passar perto de alguém que sofre e continuar o nosso caminho, mas parar, colocar óleo nas feridas até a cura, e pagar de pessoas as dívidas da caridade.

As suas obras, fruto do amor, continuarão enquanto houver um pobre sobre a terra.

Amém.

Garimpeiros dos milagres

As leis da Igreja são exigentes; não usaria a palavra "severas" para as situações nas quais, quando se deseja que alguém seja "canonizado", quer dizer, seja proclamado beato, necessite-se de um milagre. E depois, de outro milagre para que o Papa, com sua autoridade, o proclame santo. Hoje em dia, beatificações não são feitas em Roma pelo Papa, mas sim nas dioceses onde o beato tenha morrido, por meio de uma celebração pública, normalmente presidida pelo cardeal responsável pela Congregação do respectivo santo.

Muitos santos, como Irmã Dulce, portanto, foram beatificados na própria pátria, mas sua proclamação como santa aconteceu no Vaticano, no dia 17 de maio de 2015, junto com uma santa Carmelita Descalça da Palestina, Santa Maria de Jesus Crucificado, e também com a fundadora das Filhas de São Camilo, Santa Giuseppina Vannini. Eu tive a alegria de participar dessa cerimônia, porque me encontrava no Capítulo Geral dos Carmelitas, na Espanha.

Todos nós, no Brasil, conhecemos o trabalho duro, extenuante, mas cheio de esperança, dos garimpeiros que buscam com ânsia por ouro. Às vezes é necessário remover toneladas de terra para encontrar um grama desse metal. Assim acontece também com a busca de milagres: às vezes são acontecimentos grandiosos, que se reconhecem como milagres à primeira vista; porém, na maioria das vezes, o milagre pode estar escondido na infinidade de graças que as pessoas recebem pela intercessão e pela devoção do santo ou da santa. Nos milhares de cartas que recebem, podemos encontrar o milagre.

Mas como podemos defini-lo como milagre? Normalmente acontece na área da saúde, do trabalho, na vida cotidiana. É uma intervenção direta de Deus sobre uma situação ou doença que a ciência não sabe explicar. Por exemplo, uma pessoa cai do décimo quinto andar e invoca alguém que esteja em processo de santidade; e, apesar da queda, não quebra nem um osso sequer e começa a caminhar, como se nada tivesse acontecido: é um milagre. Ou quando uma pessoa, desenganada pelos médicos, reza a uma serva de Deus e, instantaneamente ou em um período curto de tempo fica curada: é um milagre.

Na linguagem comum, o povo considera milagres os que são simplesmente graças, e a Igreja não considera milagres as curas espirituais. Quando um alcoólatra reza e deixa de beber, isso não é considerado milagre. Sobre esses fatos extraordinários, a Igreja instaura um processo com muitos documentos clínicos, e os médicos emitem o seu parecer e reconhecem que não há explicação para tais fatos na medicina. Esse processo acontece na cidade onde ocorreu o milagre. Uma vez concluído, tudo vai para Roma, onde uma comissão de médicos decide se o milagre é real; se for, o Papa autoriza a canonização. Isso é muito importante saber, para não confundir as ideias.

Espalhar orações e imagens da pessoa

Uma das causas para iniciar um processo de canonização chama-se "fama de santidade", isto é, quando a pessoa morre conserva-se tudo dela: vestidos e coisas que tenha usado, por ser muito amada por todos; e, quanto mais passa o tempo, mais o povo visita-lhe o túmulo e reza para ela. É a fase onde se começa a fazer conhecer a pessoa, espalhando santinhos, orações, nos lugares propícios para que aconteçam milagres; e, quando acontece uma graça ou um milagre, de boca em boca se conhece que, rezando a Irmã Dulce, por exemplo, se recebem graças e milagres.

Os milagres de Irmã Dulce

Surgiu a fama de santidade da Irmã Dulce, amiga dos pobres, amiga daqueles que a sociedade rejeita e considera um peso para o cofre público, mas que por ela eram amados. O primeiro milagre de Irmã Dulce, para sua beatificação, aconteceu em 2001, em favor de uma mulher que se encontrava, depois do parto, com uma hemorragia incessante. Os médicos a consideraram um caso perdido. Parentes e amigos, então, rezaram pela intercessão de Irmã Dulce, e a mulher recuperou a saúde completamente. A notícia do milagre se espalhou por todo lado, e a devoção a ela aumentou sem medida.

O segundo milagre foi em favor do músico José Maurício Moreira, que, depois de quatorze anos de cegueira, rezou a Irmã Dulce e ficou curado. Esse milagre foi considerado para a proclamação de Irmã Dulce como santa.

Irmã Dulce, que tantas vezes foi vista correndo por aí nas estradas da Bahia, nas favelas, nos hospitais, para ajudar os mais pobres, os "últimos", do céu continua a sua missão, intercedendo em favor dos mais necessitados.

Os milagres continuam

O que mais se espera no sertão brasileiro é a chuva, que traz nova vida e torna a terra fértil. E o que mais se espera na vida dos pobres, que se assemelha a um vasto sertão de sofrimento, são os milagres e graças dos santos. Santa Dulce é essa chuva mansa no coração do nosso povo brasileiro e da Igreja, que, em um caminho sinodal, busca a Deus. O povo pobre sabe amar, sabe doar, e não consegue ser egoísta, porque ele mesmo foi educado e cresceu na dor, na fome, no meio das doenças e dos espinhos. Dulce, mensageira da paz, semeadora de esperança, confiando em Deus e na ajuda dos homens na terra, realizou obras que continuam a serviço dos pobres, com a sua intercessão no céu.

Santa Teresinha do Menino Jesus dizia: "Tenho só hoje para amar-te, Jesus!". E Irmã Dulce completa: "Tenho só hoje para amar-te Jesus, nos pobres!". As duas repetem e praticam o mesmo Evangelho de Jesus, que nos recorda: "Não há maior amor que dar a própria vida por quem se ama!" (Jo 15,13).

Santa Dulce, rogai por nós!

www.**loyola**.com.br   vendas@loyola.com.br

Um Santo que anima nosso ardor missionário a serviço do Reino.

São Francisco Xavier
Uma vida entregue à missão

Irmão Marcos Epifanio Barbosa Lima, SJ

Edições Loyola

Apostolado da oração
Brasil

ISBN: 9788515046379

EXCLUSIVO PARA VENDAS:
11 3385.8585

Edições Loyola

TELEVENDAS:
11 3385.8500

www.**loyola**.com.br   **vendas**@loyola.com.br

A santa das coisas simples!

Pe. Jerônimo Gasques

Santa Teresinha
História de uma pequena flor

Edições Loyola

Apostolado da Oração Brasil

ISBN: 9788515046157

EXCLUSIVO PARA VENDAS:
📲 11 3385.8585

Edições Loyola

TELEVENDAS:
📞 11 3385.8500

Edições Loyola

editoração impressão acabamento
Rua 1822 nº 341 – Ipiranga
04216-000 São Paulo, SP
T 55 11 3385 8500/8501, 2063 4275
www.loyola.com.br